建築家の誠実

阪田誠造　未来へ手渡す

阪田誠造＋阪田誠造の本をつくる会――著

建築家の誠実

目次

阪田誠造インタビュー

未来へ手渡す

●写真(撮影:井上玄)

カバー表｜羽島市庁舎

カバー裏｜東京都立夢の島体育館

P. 3｜聖イグナチオ教会

カバー袖｜阪田誠造近影

阪田誠造インタビュー

未来へ手渡す

大阪・西天満、梅ヶ枝町に生まれる

一九二八年十二月二七日、大阪市で生まれ、梅ヶ枝町(現・西天満六丁目)で育ちました。

祖父母の代が金属系の仕事をしており、寺社むけの金や銅の加工をしていました。住んでいた家は、木造で格子が街路に面している大阪の町家です。細長いつくりで敷地が深く、小さな庭と、土間から通じる台所がありました。閉鎖的な和室が連続した住居です。

そごうや大丸、高島屋に両親に買い物に連れて行ってもらいました。中之島公会堂にも行きました。建築に特別興味があったわけではありませんが、屋根の緑青色が印象的でした。中身は何か当時は分かっていなかったですが、梅ヶ枝町とは全く違う外国のまち並みのようでした。絵が好きで、そごうのエレベーターの扉に描かれた絵を見るのが楽しみでした。

小学校まで体が弱く、喘息に悩まされました。夜になると咳き込んで眠れなくなり、とても辛く、外で遊んだり走り回った記憶はありません。祖母が心配性で喘息なのに外で遊ぶなんてとんでもないというので、絵を描いたり、家の中で遊んでいました。絵を描くのは好きでしたが、習った覚えはありません。父が日本画を志し、絵描きになりたかったらしいのですが、生活していくのは大変と、画家になろうと思わなかったのです。

空気がきれいな場所ということで、両親がよく奈良や甲子園に連れて行ってくれました。奈良の若草山は、住んでいるところと全く違う雰囲気で好きでした。ほかに箕面にも連れて行ってもらい、滝がきれいだったのを覚えています。

家族のこと
建築に進路を定める

父は家業を継がず会社勤めをしていました。真面目一途の人でしたので、商売には向いていなかったようです。私が病弱だったこともあり、母は過保護でした。教育熱心というほどではないけれど、よい成績をとりなさいとか、割合と口うるさい方だったと思います。祖母も過保護でした。母が誕生日プレゼントに買ってくれた三輪車を、危ないと店に返してきてしまったのを覚えています。

兄弟は四人で、私は長男です。三つ下の弟安雄は、高校卒業後アメリカに行き、カリフォルニア大学ロサンゼルス校に入学、大学院終了後、同大学で教授となり、歴史学、日本と米国との貿易について教えていました。日本移民学会の会長も務めました。その下に十六も歳の離れた弟良夫と妹温美がおります。歳が離れていたので一緒に暮らした思い出はあまりないのです。三軒となりに吉川正一という父方の親戚が住んでおり、歳の離れた兄という感じで、何かと

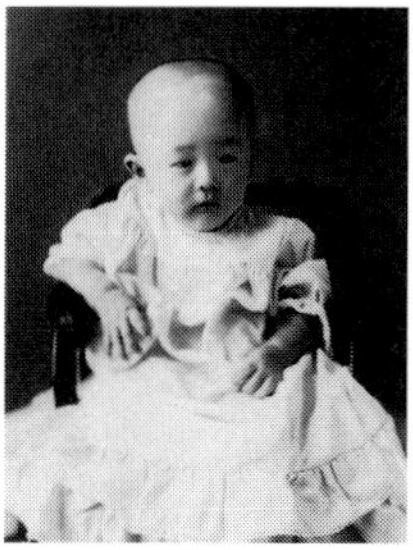

一九二九年年撮影

相談していました。進路についても正一さんに相談したところ、誠ちゃんは絵が好きだから建築がいい、とすすめられました。戦争中で、文系だと兵隊にとられてしまうような気がして、かといって理工系が得意でもなく、文科に近いのは建築と思い、進路を決めました。

環境の良い場所へ
私立千里山中学校に通う

中学校は、私立千里山中学校（旧制）に通いました。健康増進に熱心な学校で、体の弱い子どもが志望していました。梅ヶ枝町より空気が良いのと、通うには多少遠かったこともあり、家族共に中学の近くへ越しました。過保護ですね。

体を鍛える行事に、月に一、二回マラソンが催されました。長距離ではなく比較的短い距離です。現在は住宅街ですが、当時は竹林や梅林、果樹園が多く景色が美しい郊外でした。その中を走るようになって以来、健康になったと思います。

この中学校のひとつ歳上の先輩に、西野流呼吸法で有名な西野バレエ団の西野皓三さんがいました。

中学は通常五年制でしたが、四年で卒業しました。戦争に行かせるため早く切り上げられたのかと思います。支那事変も始まっていましたから。当時の学校の雰囲気は、先生と別に軍服を着た軍人がいました。見張られているようで、生徒からの評判は良くなかったです。中には戦争に反対している先生もおられましたが、思想は自由でなく、「お国のために」という教育でした。国策ですから。

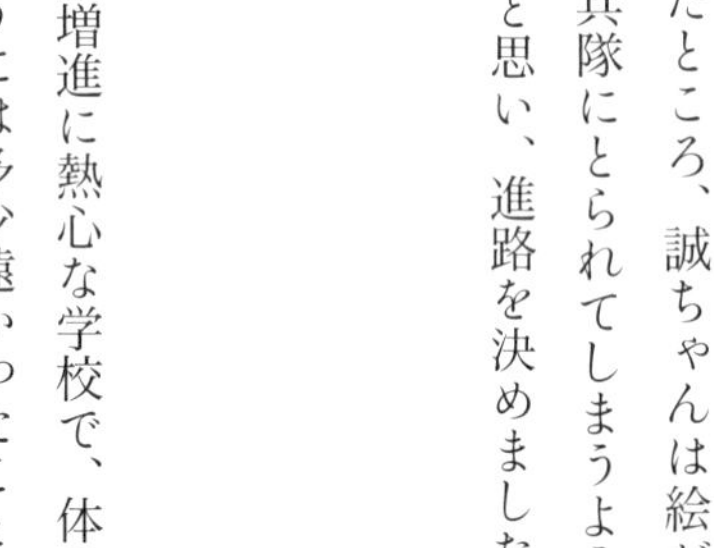

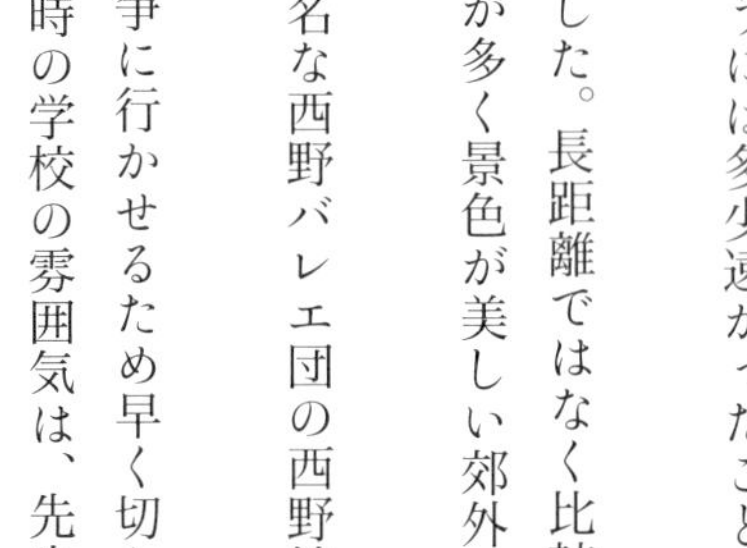

右／中学の同級生と（一九四七年）
後列左が阪田
左／早稲田大学専門部工科建築科
卒業の時

終戦の年に
早稲田大学専門部に入学

一九四五年、終戦の年に早稲田大学専門部に入学しました。理工学部は合格せず、専門部工科建築科です。体が弱かったので東京に一人で下宿するのは心配だと、家族揃って国分寺へ引っ越しました。東京に住む義弟の紹介で、父も東京で軍需関係の会社に就職しました。

入学したといっても終戦間際で敗戦の色が濃かった時期ですから六月か七月の開校で、早稲田の校舎には通えませんでした。栃木県の鐺《こて》山へ建築科が疎開しました。生徒は三十人ほどでした。全員でバスに揺られて向ったのを覚えています。畑の中に木造で二棟、防空壕が用意されていました。寝泊りも授業もその中です。私たちの疎開先の畑では芋などをつくっていて、農業の経験はなく、畑仕事も上手いわけはないのですが、村も若い人たちが戦争にとられて人手不足で、授業の合間に畑仕事を手伝いました。授業には東京から交代で先生が通われ、構造の谷資信先生、十代田《そしろだ》三郎先生が来られました。

終戦はその鐺山で迎えました。玉音放送を小さなラジオで皆で聞きました。終戦を迎えてほっとしました。早稲田に戻ってからもすぐに授業はなく、再開は十月だったと記憶しています。三年で卒業し、卒業制作は劇場の設計でした。

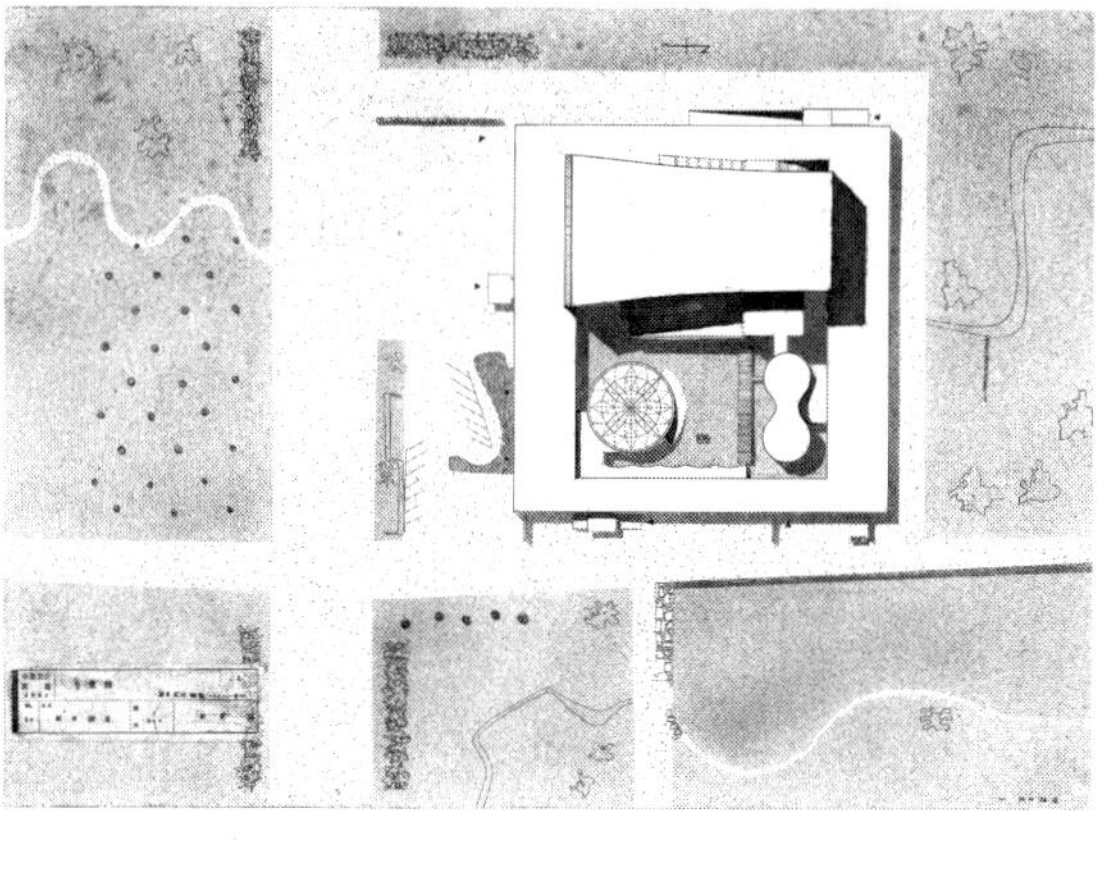

専門部卒業制作 音楽堂の透視図

専門部の同級には合田信雄君がいました。合田君とはその後理工学部建築学科から坂倉事務所まで一緒でした。一年先輩に菊竹清訓さん、穂積信夫さんがおられました。

推薦で理工学部建築学科へ吉阪隆正と出会う

一九四八年四月、推薦を得て早稲田大学理工学部建築学科に編入しました。専門部の劇場設計の卒業制作が一等で、推薦入学で入れました。安藤勝男先生、佐藤武夫先生、谷資信先生、吉阪隆正先生らが指導に当たられました。同級生には池原義郎君、合田信雄君、宮本忠長君、後輩には近藤正一君がいました。戦後すぐで、当時の学生は年齢に幅がありました。一度戦争に行って戻ってきた人など、知恵に長けた人が多く面白かったことを思い出します。

吉阪先生はコルビュジエのところへ行かれる前で、学生と歳が近く、先生というよりお兄さん、先輩というイメージで学生に人気がありました。吉阪先生は研究所を持たれ、私たちは図面を描く手伝いをしていました。デザインでなく、作図が必要な時に狩り出されました。当時は簡単なコンペが多くあり、まだ新しい建築を建てる時代でなく、建材普及のための建物の提案などを求める建築のコンペなど、アイデアを形にするコンペでした。

社会が戦争一本だった時代が終わったばかりで情報は貧困でした。建築の雑誌を探そうと、古本屋で外国雑誌をあさっていました。新刊は入って来ない時代でした。英語はあまり理解できず、表紙のデザインなどで選んでいました。

早稲田大学卒業

坂倉準三建築研究所へ入所
現場に常駐する責任

武基雄先生に紹介状をいただき、合田信雄君と二人で一九五一年の十月に、坂倉準三建築研究所へ入所しました。坂倉さんはコルビュジエの下で直接学んだ方であることに魅力を感じ、入所を希望しました。前川國男建築事務所は東京大学枠の採用が多いと聞き、坂倉事務所を選びました。その年、坂倉さんは第一回サンパウロ・ビエンナーレ国際美術展建築審査員としてブラジル建築家協会に招かれ、ブラジル渡航に武先生を誘われ、帰途は北米から欧州、トルコ旅行を共にされました。武先生の紹介であればと、その後早稲田から坂倉準三建築研究所への入所が増えました。

入所当時、渋谷の東急会館の設計図を事務所総出で作成していました。私も現場に常駐しました。谷内田二郎さん、吉村健治さん、駒田知彦さん、北村脩一さん、山西嘉雄さん、鱸恒治さん、合田信雄君が担当でした。家具は長大作さんが手がけていました。

東急会館は、山の手線をまたいで旧館に空中の橋を架す大胆な建築でした。妻側外壁の円状部分を、荷重が少ないピーシーコンクリートの外壁で構成する、モダンなデザインでした。橋状建築の工事中も山手線は通常通り運転しているので大変でした。建築の橋を架ける珍しい工事で見学者が多く訪れました。施工は清水建設でしたが、大成建設の構造の鈴木悦郎氏の参加もありました。

東急会館で印象に残ったのは、エレベーターの扉です。北村さんと坂倉さんが打ち合わせして決めた色が、非常に鮮やかな色でした。私は常駐していたので、派手とは思いましたが決定

休憩時間にバドミントンを楽しむ坂倉準三建築研究所の所員たち

事項と現場に指示しました。ところが、出来上がって坂倉さんから、この色は一体誰が決めたか、と怒られました。「決定していることでも、良くないと思ったらチェックして変更を提案するのが現場常駐の勤めです」と。結局、エレベーターの扉は取り替えられないので塗り替えました。

当時は入所したばかりで不条理と思いましたが、自分が上に立つ立場になって振り返ると、大切なことを教わったと感じました。工事中の現場に常駐していることとは何かを現場で学びました。トップの思っていることを所員に的確に伝えるのはとても重要なことです。トップは現場をずっと観ていることはできませんので、現場常駐の判断は所員の務めだったのです。

初めての担当は、クラブ関東の木造建築の仕事です。長大作さんと一緒に担当しました。翌年にはクラブ関西の設計もしましたが、坂倉さんのクライアントは、南海、塩野義製薬など、このクラブのメンバーでした。

北村さんの下について、東急会館併設の東横ホールの劇場も担当しました。緞帳はイサム・ノグチの原画です。

印象に残っているのは一九五七年頃に手がけた出光興産のガソリンスタンドです。プレストレスコンクリートを使い、屋根を印象的なデザインにして特徴が目に入りやすいようにしました。出光さんには好評でした。ほかのガソリンスタンドとは一線を画していたと思います。

東急会館の現場監理と並行して、一九五三年には青山ラグビー場、一九五七年に岡谷順之助邸、藤山愛一郎邸、松本幸四郎邸の設計を手がけました。

坂倉準三と吉村順三、前川國男の三人で設計を担当した国際文化会館の現場には、よく坂倉さんのお供で行きました。坂倉さん没後の大改修の総合監修は私が担当することになりました。

右／東急会館（一九五四年）
左／出光興産 羽衣町給油所（一九五七年）

結婚　緑町団地に住む

妻の俊子とは、女医をしている妻の叔母の紹介で一九五六年に出会いました。妻は東京生まれで戦後は岐阜に住んでいました。当時は鉄道の便も悪く行き来するのに列車で片道十時間くらいかかり、逢うことも少なく、やきもきした戸尾任宏さんが、新しいプラネタリウムができたから連れて行ったらとか、デートのアドバイスをしてくれました。

武蔵野市の緑町の公団住宅に当選し、住居が決まったのを機に、一九五八年に結婚しました。新居の家具は、私がすべてデザインしてつくってもらいました。

その後のことですが、川勝堅一氏の従兄弟の満久崇麿氏の娘と、妻の弟が結婚したご縁で、尾山台のご自宅、軽井沢の別荘を坂倉事務所で設計、監理しました。

敷地の持つ自然と文化を生かした市庁舎

岐阜県の羽島市庁舎は、初めてすべて一人で最後まで担当した仕事です。羽島出身の坂倉準三に設計依頼があり、坂倉さんから担当者に指名されました。妻の実家が岐阜だというのも関係していたのでしょう。吉村健治さんが契約などを担当し、私のほかに湯浅輝男さんが常駐しました。家具は長さんの担当でした。当事、羽島には宿泊場所がなく、私もスタッフも妻の実家に泊まらせてもらいました。妻は東京と岐阜を行ったりきたりしていました。

坂倉さんは、工事中の現場には来られませんでした。竣工時に地元の各方面からいただい

妻の俊子さんと（一九五八年撮影）

たお祝い金を、坂倉さんは画や彫刻の購入にあて、市長室や応接室などに展示するよう、竣工式前に画廊や画商に飾る位置を指示されました。

設計を始める前に、担当者として市役所職員や市民が具体的に何を求めているか、ヒアリングし、設計プランに市の意向を取り入れました。市役所としては珍しい形態で、議場、講堂を市役所の中に配し、市民も使える講堂は市役所の中を通らずスロープで直接入れるので、市民から好評でした。市の要望で、地域の人たちが使いやすいように畳の部屋もつくりました。消防署が中に入っていたので火の見やぐらとしてのタワーもつくり、シンボリックで良かったと思っています。

ヒアリングから感じたのは、どちらが正面かが非常にデリケートな問題だということでした。町村合併の市で、北側の竹鼻町、南側の九つの村と農地が、ひとつの市に合併した経緯があり、どちらからも正面と見える設計にし、正面性をあえてなくしています。

心がけたことは、敷地の持つ自然と文化を活かすことでした。羽島市は蓮根の産地で、市庁舎の建物のある場所も元は蓮池でした。木曽川と長良川があり水が豊富な土地です。そこで建物の前庭に蓮池をつくり、地下水をくみ上げ、使っているので、水道代もかからず現在も使われています。予算の面での苦労はなかったです。清水建設の施工です。

隣に建つ青少年ホームは後に計画され、若者たちが利用するので、機能よりは環境を重視し、蓮池にマッチするよう建築はあえて目立たない設計にしました。

羽島市庁舎（一九五九年／日本建築学会賞、DOCOMOMO 100選）工事中の現場にて

新宿駅西口広場及び地下駐車場と小田急新宿西口駅本屋ビル

羽島市庁舎の後、新宿駅西口広場・地下駐車場の全体計画と、約七万平方メートルの小田急新宿西口駅本屋ビルの計画を兼任しました。大規模な計画を一人で担当していましたので、見かねたクライアントから「阪田さんは西口駅本屋ビルに専念して下さい」と言われて、地下駐車場は藤木忠善さんと小川準一さんに任せました。

新宿駅西口広場の工事は、首都整備計画に基づいて新宿副都心建設公社が計画を進めていました。その後、藤木さんが芸大に戻り、大阪から東孝光さんが来て、田中一昭さん、吉村篤一さんが担当しました。

当時の新宿駅西口はプラットホームも出口も貧弱だったことを覚えています。改札口は簡素な木柵でした。東口には伊勢丹や三越百貨店もあり賑やかでしたが、西口にはまだ終戦後の闇市場があり、まさに裏口という印象でした。

現場事務所は小田急の人たちと一緒の場所で、しょっちゅう会議がありました。チームの中には、吉岡功人さんという早稲田の先輩の課長がいて、坂倉事務所からは清田育男さん、水谷碩之さんなどが来ていました。現場で打ち合わせをしながらすぐに図面を描く大変な作業でした。現場小屋のような仮設の建物だったのを覚えています。（↓二四ページへ続く）

上2点／
新宿駅西口広場・地下駐車場
（一九六六年／日本建築学会賞（建築実績）、日本都市計画学会石川賞、SDA賞、DOCOMOMO 100選）
下右／小田急新宿西口駅本屋ビル
（一九六七年）
下左／現場事務所にて
（一九六六年撮影）

羽島市庁舎

1959年｜岐阜県羽島市
1954年竹鼻町と9村が
合併して羽島市発足。
5周年記念として庁舎が建設された。
北側が坂倉準三の生家「千代菊」の
酒蔵がある竹鼻町。
南側の9村には蓮田が広がっていた。
あえて正面性をなくし、
北部と南部の融合をめざした

撮影(p.18–55、カラー写真):井上玄

外観

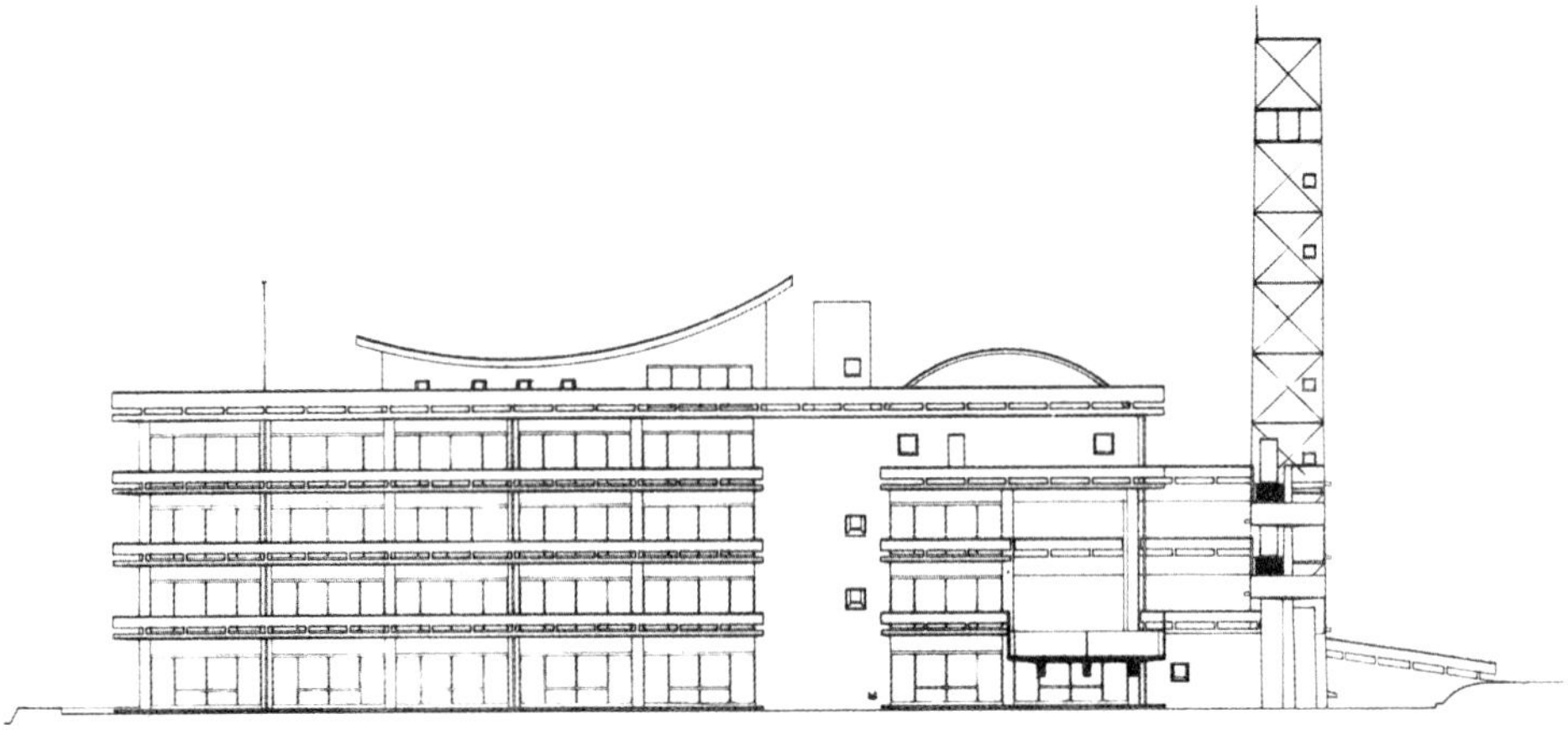

南立面図

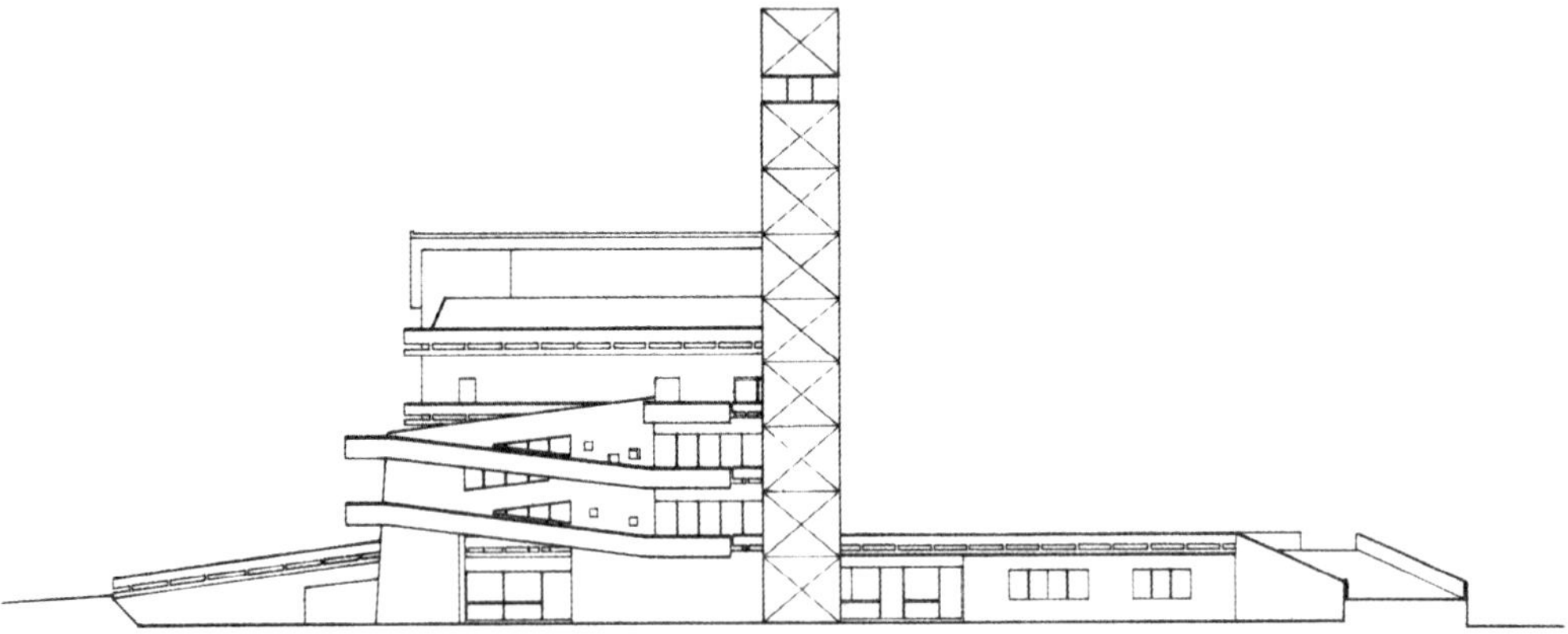

東立面図

●羽島市庁舎
敷地面積…. 約6,600m²
建築面積…. 4,625.7m²

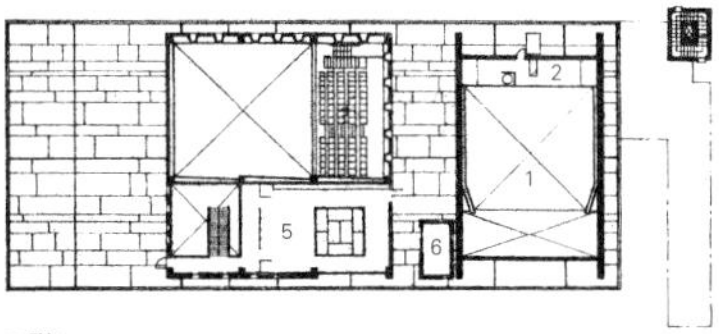

5階

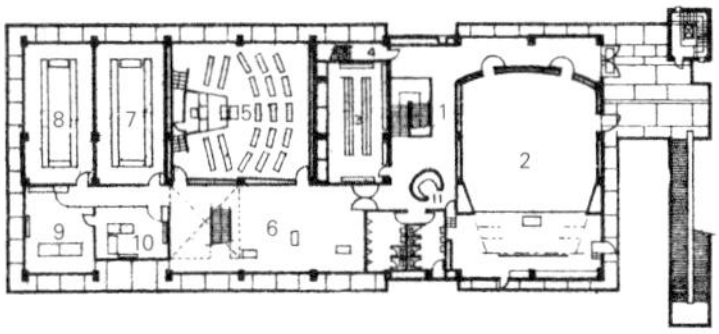

4階

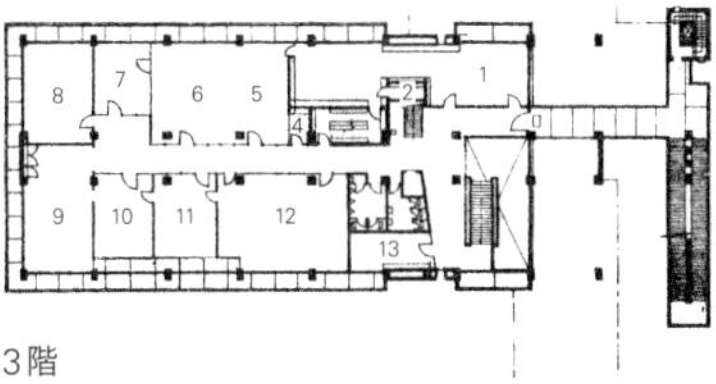

3階

3階

1 羽島市立図書館
2 書庫
3 書類庫
4 印刷室
5 公民館事務室
6 教育委員会事務局
7 教育長室
8 会議室
9 市長室
10 秘書室
11 助役室
12 総務課
13 新聞記者室

4階

1 ホール
2 講堂公民館
3 書類室
4 傍聴席入口
5 議場
6 ロビー
7 会議室
8 委員会室
9 議長・副議長室
10 議会事務局
11 湯沸し

5階

1 講堂上部
2 映写ギャラリー
3 傍聴席
4 議場上部
5 議員控室
6 機械室

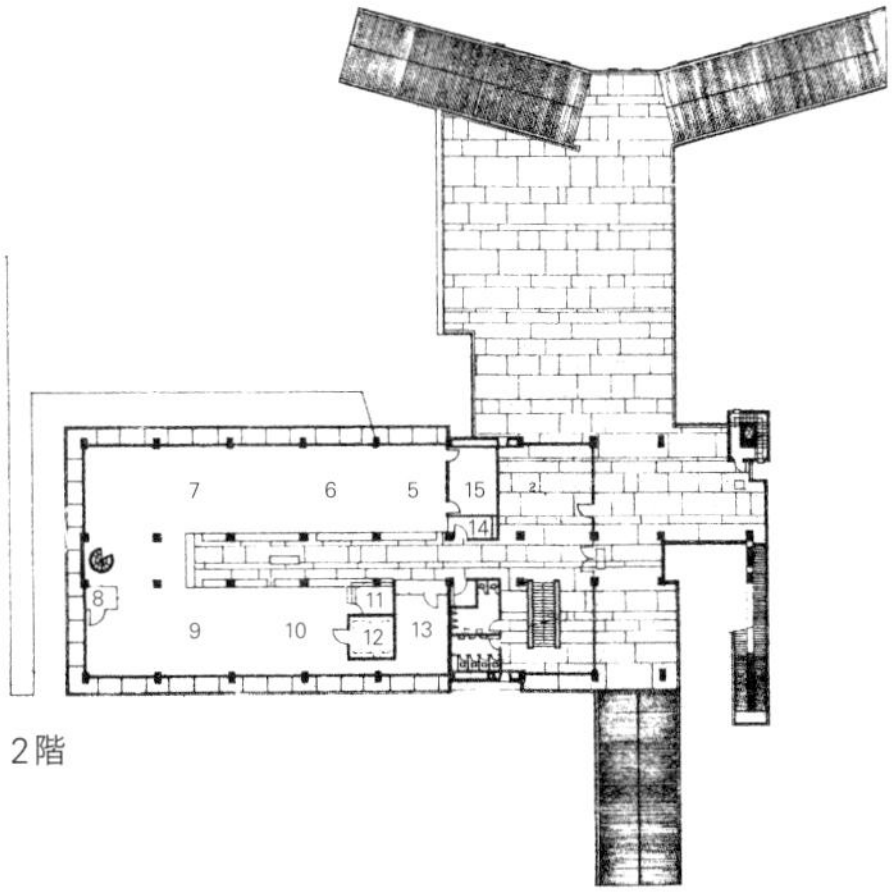

2階

1階

1 職員入口
2 市民溜り
3 農業改良普及所
4 農業委員会
5 農務
6 商工観光
7 農業共済組合
8 土木
9 使丁室
10 湯沸し
11 宿直
12 控室
13 女子更衣室
14 男子更衣室
15 消防事務室
16 電話交換室
17 機械室
18 電気室
19 電池室
20 書類庫
21 倉庫
22 食堂
23 車庫
24 ポンプ室

2階

1 駐車場
2 受付け
3 入口ホール
4 市民溜り
5 戸籍
6 農務配給
7 税務
8 面接室
9 厚生
10 会計
11 市金庫
12 金庫室
13 収入役室
14 印刷室
15 書類庫

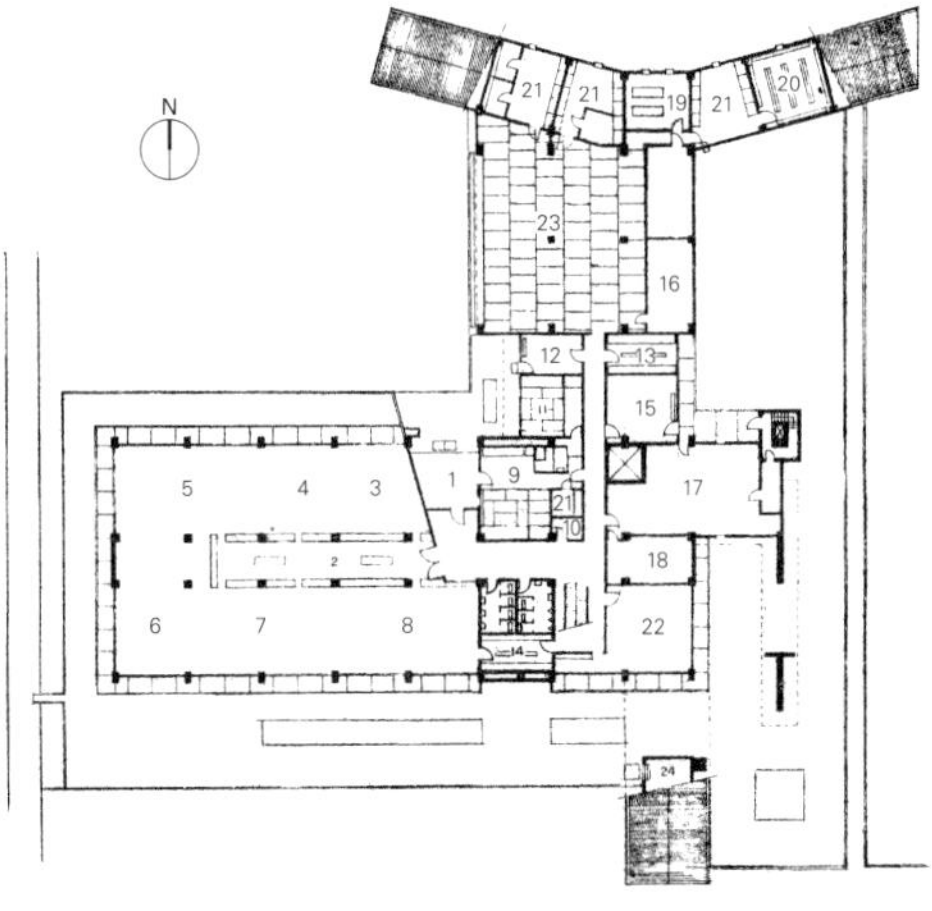

1階平面図

庁舎とは性格の異なる講堂などの公民館的部分には、
市民に開かれたものにしたいと、阪田誠造のアイデアで、
直接入れるスロープを設けた。足元を取り囲む池は、
かつてここが蓮田だった記憶をとどめるもの
（羽島市庁舎）

（↓一七ページから）

大阪万博と坂倉準三の死

大阪万博の電力館の設計の仕事の参考にするため、坂倉さんの指示で、万博の視察にモントリオールへ行きました。電力館は、四本柱で吊る構造で計画しました。

坂倉さんが亡くなった時、私は電力館の現場にいました。突然の事でした。イベントで期限も決まっている現場で、そのまま進めるよりしかたありません。同じ敷地内に計画されていた村田豊さん設計の、引田天功のショーで使用されたテント屋根のドームは、坂倉さんが生前、このデザインは絶対に良くない、と繰り返し怒っていたのがとても印象に残っています。結果として面白くなったと私は思いますが。

坂倉さんは亡くなる直前までホテルパシフィックの設計をしていました。簡単なパースまで目を通したと聞いています。坂倉さんの没後、西澤文隆さんが大阪から来て引き継ぎました。坂倉さんはホテルの設計をしたいと思っていて、一緒にホテルに泊まると、じーっと観察しながらホテル内をまわっていたことも多くありました。

私より前に入った先輩たちは、西澤さんと一緒にパシフィックホテルにかかりきりでした。それ以外の仕事の分担を話し合ったわけではありません。パシフィックホテルが終わったとき、私より古い人は皆辞めました。大阪の仕事はすべて西澤さんがみていました。西澤さんは、個人としても庭園の実測をされ、事務所の中でほかにはいない特異な方でした。坂倉さんがなくなってからは私が直接関与した大阪の仕事はありません。万博の設計は東京の仕事で、現場に行きましたが大阪事務所には行かず、大阪の事務所は作風も東京と違うように思っています。

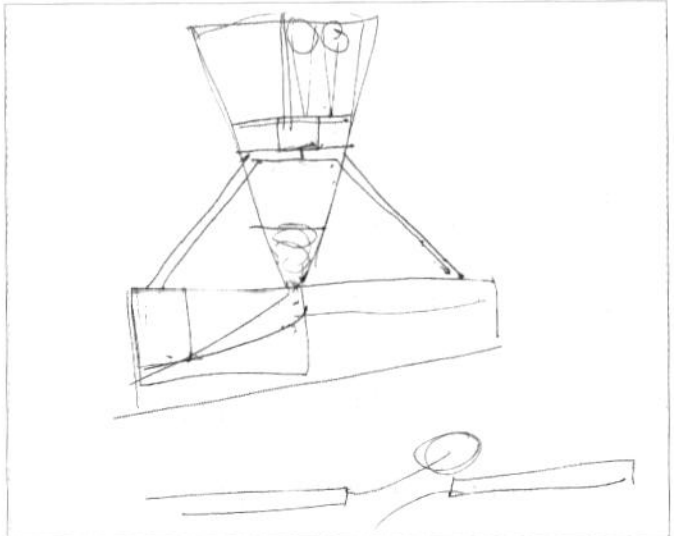

右／電力館の模型を前に
中央が坂倉準三、右隣が阪田
左／坂倉準三による
電力館のスケッチ（阪田蔵）

坂倉準三死去（一九六九年）に伴う事務所代表部の去就
西澤文隆……坂倉建築研究所代表取締役に就任
阪田誠造……東京事務所所長に就任
山西喜雄……大阪事務所所長に就任

新生坂倉事務所の始動
ビラシリーズ　都市住宅の試み

ビラシリーズは興和商事から、集合住宅を設計してもらいたいと依頼がありました。社長の石田さんは、メンテナンスに大変気をつかう方でした。今までの集合住宅とは一風変わった面白いものができると引き受けました。坂倉事務所に設計依頼が来る前に、堀田英二さんが設計したビラ・ビアンカは、入居してから給排水関係でクレームが出たようで、設備には気をつかって設計をしました。清田育男が担当です。原宿のビラ・セレーナが一棟目です。小さいけれど時間をかけました。若い人たち、デザイン関係の人たちに人気があり、都市住宅型の新しいタイプの集合住宅と注目されました。中庭があり、部屋ごとにデザインやタイプが多様で、画一的でない設計でした。給排水のトラブルがあったとき、すぐ調整できるよう配管をむき出しにしたり、隠さないよう心がけました。

石田社長は厳しい方で、メンテナンスについては過酷な要望を出されましたが、粘り強く要望に応え続けたことを評価してくださいました。石田さんとは親しくなり、一緒に旅行に出かけたり、ご夫妻と箱根、軽井沢、メイフラワーゴルフクラブでゴルフを楽しみました。

その後シリーズ化して歴代所員が担当しています。セレーナの隣にはフレッシュな館とい

ビラシリーズ（一九七一—八八年）
右／ビラ・セレーナ（一九七一年）
左／ビラ・フレスカ（一九七二年）

う意味のビラ・フレスカがあり、渋谷のビラ・モデルナは、クライアントの本社と都市型住居ユニットの複合施設になっています。上馬のビラ・ノーバとビラ・サピエンザは隣り合わせです。坂倉さんの時代は集合住宅をほとんど設計していなかったので、新生坂倉事務所の代表的な仕事だと思っています。

新宿南口サザンテラスと大通り構想

新宿南口（現サザンテラス）の大通り構想は、小田急新宿西口駅本屋ビルが竣工し五年ほど経過した一九七一年に新宿駅南口の増築計画の依頼が来た際、小田急から頼まれたのでなく、堀江紀夫、篠田義男、藤木隆男などの所員とフィールドワークをして、自主的にレポートをまとめ提案したものです。一九九八年サザンテラス竣工までの長い期間、歴代所員が担当する新坂倉事務所の一つの骨格になったプロジェクトといえます。レポートの中のパースは、新しい事務所総出で担当したような雰囲気のなかで私自身も描いています。

このレポートの骨格になっている鉄道上空の「大通り」のはじまりは、小田急新宿西口駅本屋ビル建設時に、西口広場から小田急新宿駅上部に建設された人工地盤に上がる避難経路としての細い通路にさかのぼります。百貨店をつくるには、二方向が道路に接していなければならないという東京都安全条例の条件があり、小田急百貨店の建設地は、西口広場には接しているものの、後ろは鉄道で道がなく角地でもないという、条件に見合わない立地でした。小田急に対して、西口広場の他に甲州街道に通じる人工地盤を建設して接道にしないと規定を満たせませんと提案し、人工地盤上の駐車場入り口を甲州街道に付けて、都条例をクリアしました。敷

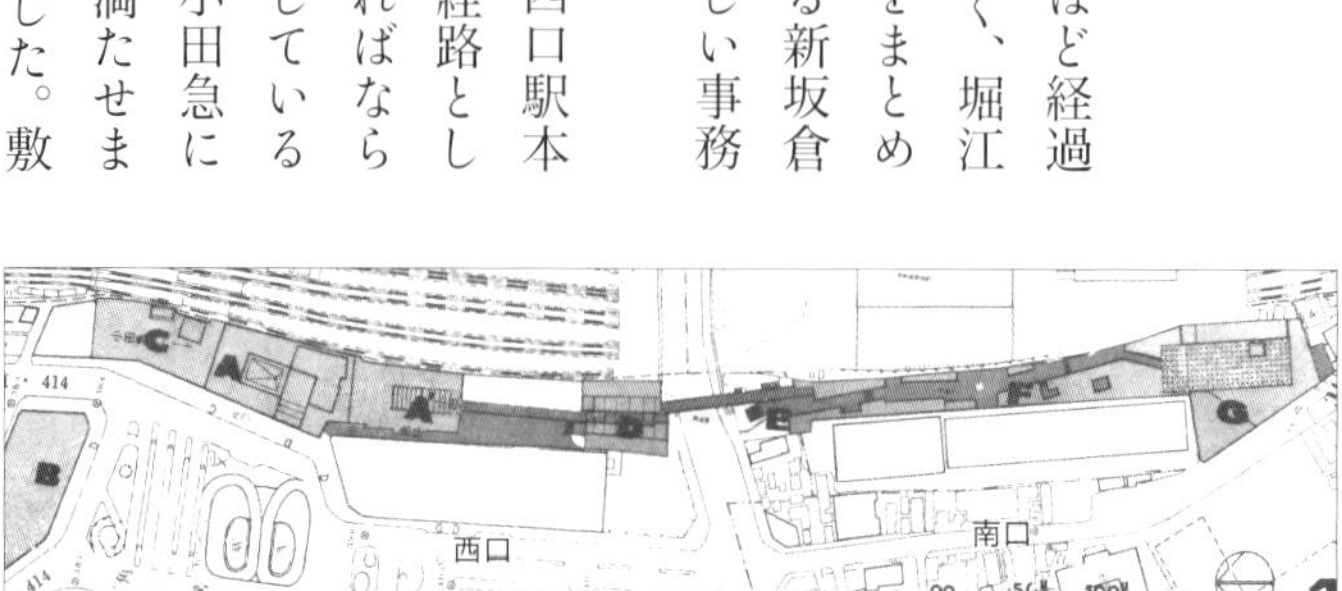

「大通り構想」レポート

新宿南口サザンテラス
（一九九八年／建築協会賞特別賞、都市景観大賞）

地だけを考えるのではなく、つくったあと変化していくことを読み取り、建築は法令からも影響を受けるという目覚めの機会になりました。スタディや体験の積み重ねが大切です。

小田急新宿西口駅本屋ビル建設の接道条件として浮上した駅上家部分を車やペデストリアンデッキとして利用するアイデアを「都市の歩行者空間」として拡張し、新宿から代々木の街までの鉄道上空に人工地盤を建設し、歩行者の「大通り」をつくる都市的構想が実際に形になるには、四半世紀ほどの時間がかかっています。

前橋の群馬ロイヤルホテルからつながる群馬での縁

パシフィックホテルを見て、当時の群馬県知事のご子息から群馬ロイヤルホテル設計の依頼が来ました。ホテルパシフィックを定宿にしていた西澤さんが、庭やインテリアの一部を自ら担当されました。

当時、関越自動車道は開通前で、七、八時間をかけ車を運転し、国道17号を走り利根川を渡り、橋の袂の前橋市街玄関口の建設予定地を初めて見ました。初秋の赤城、榛名、妙義、上毛の三山や周囲の山並と見事にかかわり合う太陽の光に包まれた景観に感動し、ぜひホテルの外観は太陽の光を演出したいという強烈な思いを持ちました。外装材を探し求め、ミラーガラス、ガラスタイル、磁器タイル、金属板、メタリックペイント、パールコートペイントなど、考えられるあらゆる素材の中から、光の色を増幅演出するラスター釉磁器を採用しました。ホテルパシフィックで使用したパールタイルの下地に色を与え、四季折々、時々、刻々と光を演出する外

群馬ロイヤルホテル（一九七五年／建築業協会賞、商業空間デザイン賞）ニューヨークで偶然みつけた雑誌を手にする阪田

壁を考えました。

その後、ニューヨークに出張した折、街の本屋に飾られた雑誌の裏表紙に外壁タイルの光輝く群馬ロイヤルホテルの写真を偶然目にした時の感動は忘れられません。このホテルにご宿泊された皇太子殿下と妃殿下、現在の天皇皇后両陛下にお目にかかる機会があり、お褒めの言葉をいただいたことも心に残ります。

この仕事が、前橋市役所、群馬会館、県立女子大などの仕事につながりました。前橋市役所は、二十一世紀の市役所をつくるという意気込みで始めたコンペで運良く当選し、久しぶりの公共建築となりました。松永巌、篠田義男、山岡嘉彌、大島博明などが担当しました。

新宿ワシントンホテル（一九八三年）

身体性の美学 タイルの表層デザインの試み

S-2計画は、新宿ワシントンホテルと新宿三井ビル二号館を複合化した計画です。

当時は、建築でない哲学の本や現代思想などの本からヒントを得ていました。市川浩さんや中村雄一郎さんといった知的分野の方たちが「身体性」という言葉を使われていて、時系列の中で揺れ動く気持ちに一緒になってつき合っていくという私の仕事の役割につながりを感じました。新宿ワシントンホテルは、計画が決まるまでに十年近くかかっています。オーナーの夢はそのときどきに変わります。その変化にも粘り強くつき合っていく覚悟がないと務まらない仕事です。そこに私たちの仕事の役割があるのだと考え、これは身体性の美学につながると理解しています。

ワシントンホテルの設計にあたっては、タイルに対してのいろいろな実験を行いました。ラスターという筋が入っていて光ると色が変わるタイルに興味があったのです。きめ細かい実験を随分やりました。布川俊次が担当です。

存在感を放つ体育館
過酷な環境からの造形

東京都立夢の島総合体育館の情報は、東京都にアプローチしたほうがいいと西野善介が探してきました。指名コンペです。埋立地で、メタンガスが発生していて、当時メタンガスの事故がありました。公共建築ですから、事故があってはまずい。ガス抜きを盛り込まなくてはいけない。それに対応するレポートをもってアピールしました。ガスが発生するのでガスを抜くため、地面との間を少し空けるなど工夫をし、木場の貯木場に浮かんでいる木を想像してデザインしました。緑が多い場所で普通につくっても面白くないと、単純な形でありながら存在感のあるデザインにし、色も派手ではいけないと、つやがあって水を吸わない塗料を研究しました。工業技術院の現場で、西澤さんが研究した塗料の情報を得、鉄板を保護する機能も果たしています。この塗料の開発のために、関西ペイントにしょっちゅう通いました。

東京事務所の代表になってからは、全部の仕事を見てサインをしています。原図にサインをするのですが、サインをした後、事務所の担当者が書き換えたりすると、膨大な図面を見ていても気づくのです。すかさず見つけて手を置いてぴたっととめるので、所員が驚いていました。

（→三六ページへ続く）

東京都立夢の島総合体育館
現・BumB東京スポーツ文化館
（一九七六年／日本建築学会賞、建築業協会賞）

東京都立夢の島総合体育館
（現・BumB東京スポーツ文化館）

1976年｜東京都江東区

ゴミの埋め立て地だった「夢の島」に
清掃工場の余熱を利用してつくられた
温水プールと体育館。
最初は緩い円弧状だったが、
平坦な敷地の中で、より印象的な木場の
貯木場に浮かぶ丸太を
思わせる半円筒形になった

光あふれる屋内温水プール。
遊具もデザインした。竣工後40年近く経ち、
広大な公園の中の総合体育施設となっている。
1977年建築学会賞受賞

初心者プール禁
事項
ターン 逆立ち
飛び込み
浮輪に座る
投げる
コースロープに
たれる

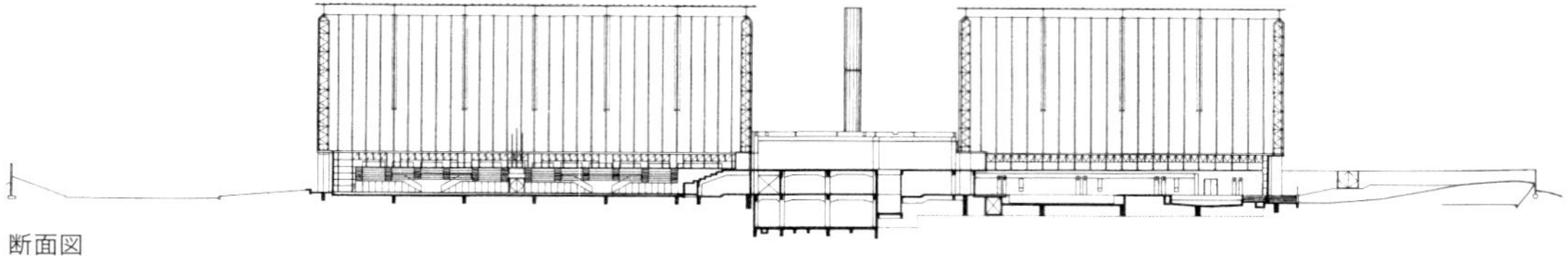

断面図

●東京都立夢の島総合体育館
敷地面積....448,000m²
建築面積....9,666m²
延床面積....12,529m²
構造..........鉄筋コンクリート造
一部鉄骨造

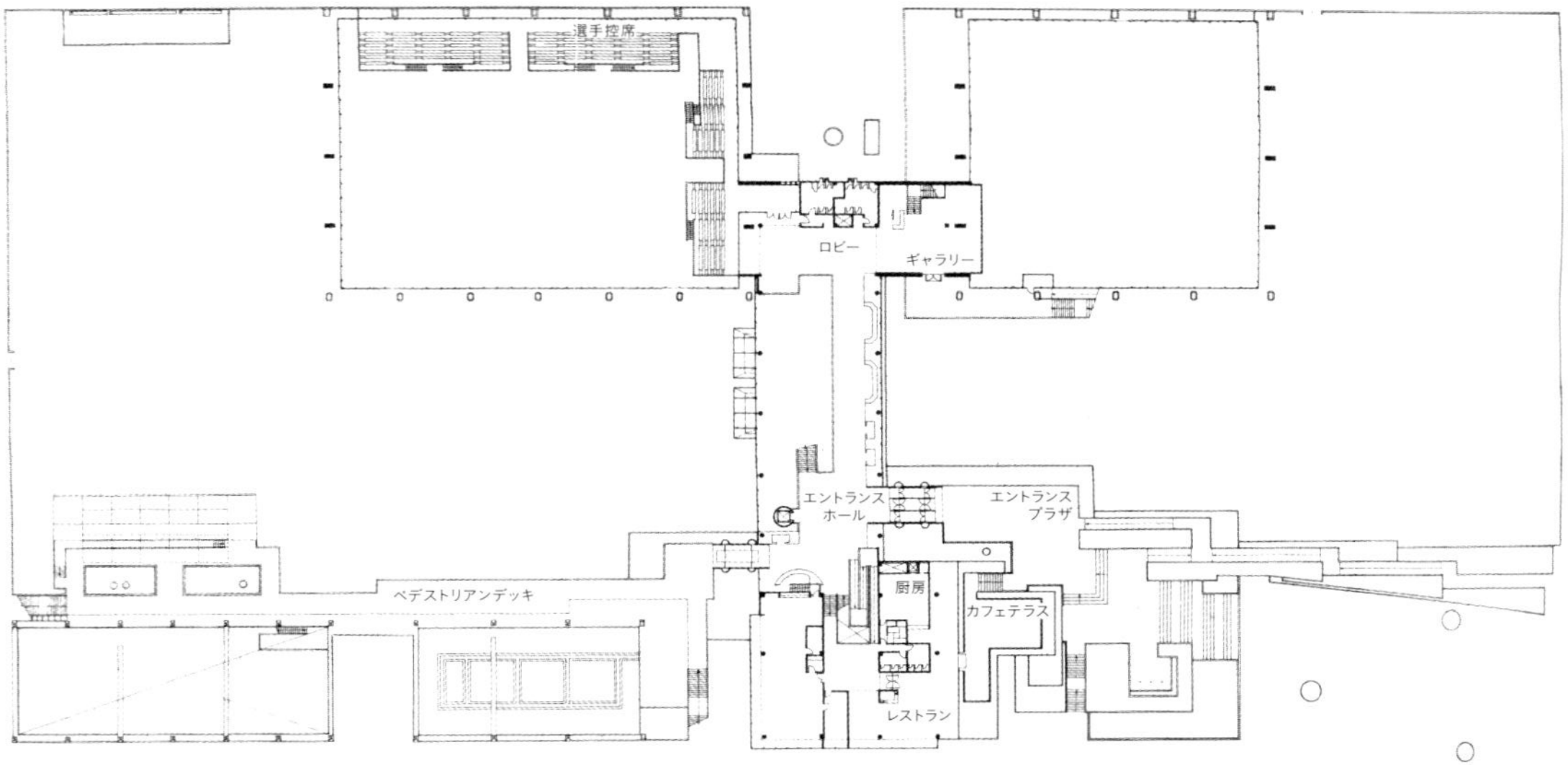

2階平面図

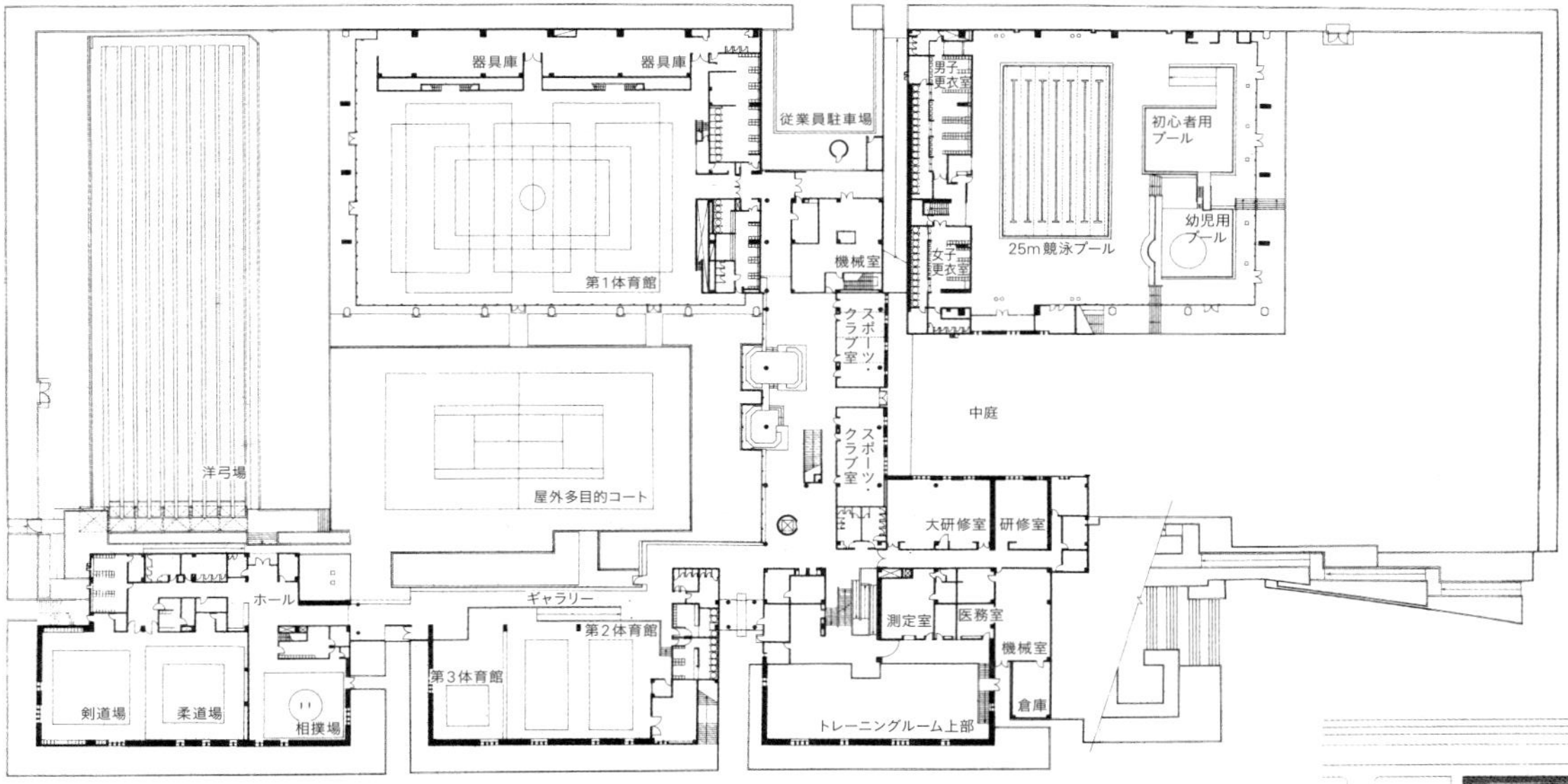
器具庫
器具庫
従業員駐車場
男子更衣室
初心者用プール
幼児用プール
女子更衣室
25m競泳プール
機械室
第1体育館
スポーツ・クラブ室
スポーツ・クラブ室
中庭
洋弓場
屋外多目的コート
大研修室
研修室
ホール
ギャラリー
第2体育館
測定室
医務室
機械室
第3体育館
倉庫
剣道場
柔道場
相撲場
トレーニングルーム上部

1階

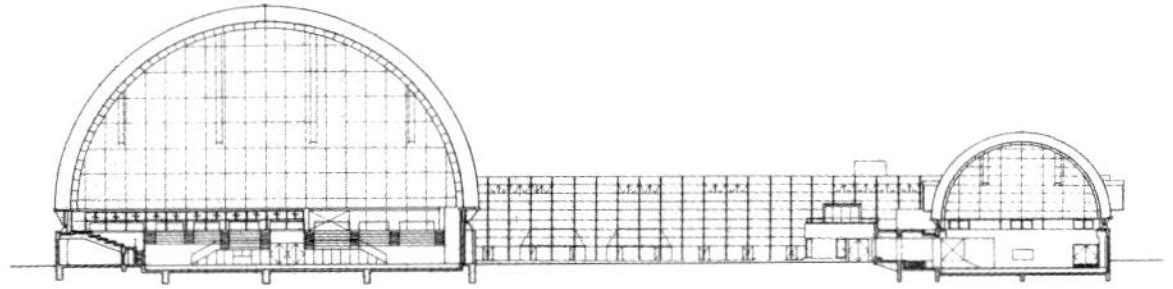

断面図

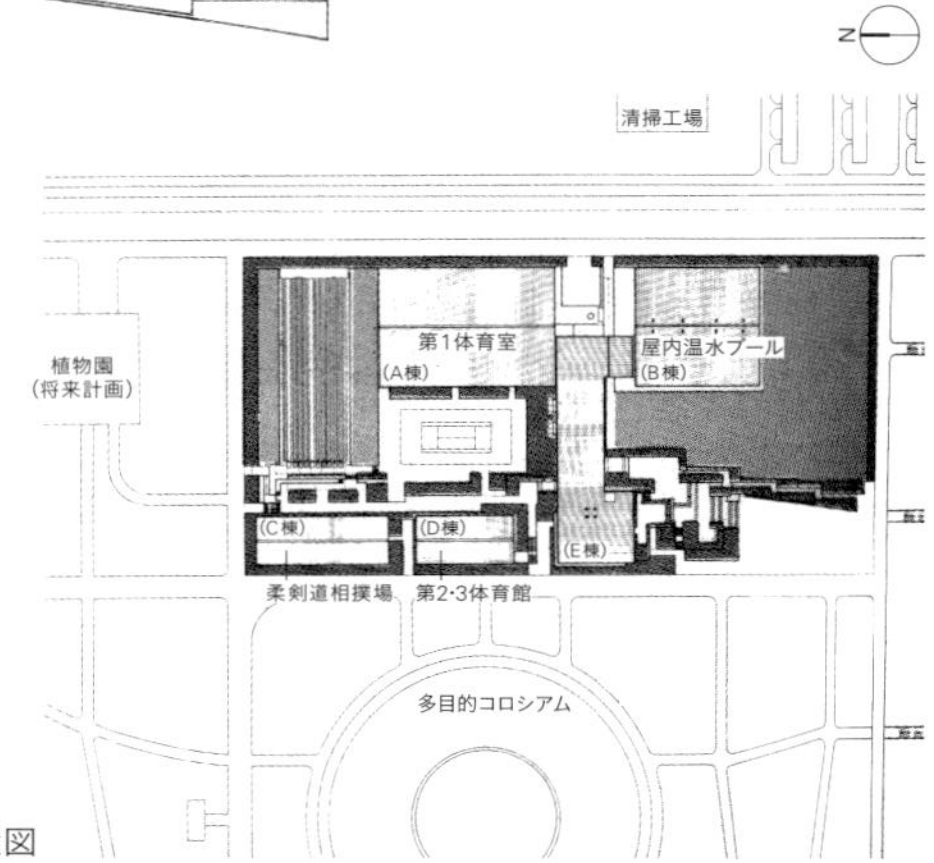
清掃工場
第1体育室
(A棟)
屋内温水プール
(B棟)
植物園
(将来計画)
(C棟)
(D棟)
(E棟)
柔剣道相撲場
第2·3体育館
多目的コロシアム

配置図

アーチェリーフィールドより
メインアリーナを見る
(東京都立夢の島総合体育館)

サブアリーナでは
展示会なども開かれている。
豊かな空間から、
さまざまな利用法が生まれている
(東京都立夢の島総合体育館)

（↓二九ページから）

不整形の土地への挑戦　公団住宅での坂倉デザイン

木場公園三好住宅は公団の住宅です。都心部にある運河の埋立地で、不整形な計画のしにくい土地でした。同じく不整形な土地に立つビラシリーズの建物を見て、住宅公団の担当者から依頼を得ました。当時は担当者の一存で依頼できたようです。最近あの辺りを通ったときに、なかなかいい建物があると思ったら、自分の設計した木場三好住宅だったので驚きました。年月が経ち、樹木が大きく育ち、緑の豊かな環境になっていました。公団としてはこじんまりして間取りがゆったりし、今も人気があるようです。大きな街路に接していないので路地のような静かな場所です。担当は宇津木卓三などです。

景観や環境を読み解く力

名栗少年自然の家は、斜面地の敷地に中庭を取り囲んだ構成で計画しました。秩父の山の中にあり、現場には自分で運転してよく行きました。ややこしい道で暗くなると大変でしたが環境は良い場所です。自然の中に計画したので、建築単体で考えず、周りの景観や環境を見て計画しています。設計は周りの状況を含めて計画しなければならないと思います。そうでないと建築が固くなる。その判断ができなければ建築家といえないのではないでしょうか。建築は単独で建つわけではないので、環境に映えなくてはいけません。都市にある場合でも当てはまることです。これは体験を積んで分かってくるものだと思います。写真を見ても状況が読み取れ

右／木場公園三好住宅（一九八二年）
左／埼玉県立名栗少年自然の家
現・名栗げんきプラザ（一九八二年）
［写真提供：名栗げんきプラザ］

ないといけません。建築は絵とは異なり、人の活動が入るという特徴を持っていますので、イメージだけで独断的にならないよう心がけています。担当者は石原久三郎と弓良一雄です。

光と風を感じる清新な図書館

東大和市立中央図書館は、図書館でありながら、自然光や自然の通風を取り入れ、西日に対して壁が呼吸するような設計をしています。人工的に環境をつくり過ぎない市立図書館として評価され、JIAの25年賞を受賞しました。担当の山岡嘉彌と何度も現場に行きました。庭に面したカーブは山岡の提案です。図書館なのに風が入っていいのかと驚かれた方もいましたが、市民にとっては使いやすい図書館になりました。図書館を知らないから自由にやってしまったという側面が、良いほうに転んで新しいものができたように思います。壁をたて、空間を仕切ることで用途を区切っています。光は窓からだけ入るのではありません。機能的な空間とそれを崩したオープンな空間の組み合わせこそがデザインだと考えます。この図書館は、市役所の前庭にあたる場所にあり、囲まれた土地でしたので、既存の市庁舎のボリュームとのバランスを考え、低層の壁で柔らかさを出しています。光をどのように取り入れ、空間に心地良さを出すかを考える、それが建築の面白さです。

西澤文隆退任（一九八五年）に伴う事務所代表部の去就

阪田誠造……坂倉建築研究所代表取締役に就任
　　　　　　東京事務所所長兼務
太田隆信……大阪事務所所長に就任

東大和市立中央図書館
（一九八三年／日本建築家協会25年賞、建築業協会賞、日本図書館協会建築賞）
［写真提供：東大和市立中央図書館］

入れ子の概念
新しい坂倉事務所の作風

人形の家は、兼高かおるさんが初代館長をされていました。世界各国の三千五百点の人形の陳列館で、普通の建物では面白くないと、家型をところどころに入れ、入れ子の概念を取り入れています。事務所全体で「入れ子の概念」という考え方を議論し、取り組みました。施工は竹中工務店です。過剰な要求を多く入れましたので、施工は大変だったのではないでしょうか。予算がない中で工夫をしました。外壁の目地に見える部分は実はラスタータイルで、タイルの集合体でレンガ模様を作っています。タイルのトライアルは、メーカーと一緒に何種類もつくりました。色や、材料の「肌理《きめ》」を事務所全体で議論した時期です。予算の中で予算なりにつくることは簡単ですが、工夫がそこにあるのが、坂倉事務所でのプロセスでは重要です。存在しているだけの魅力のない建築にならないように工夫することを、事務所全体でやらないといけません。新しい坂倉事務所がはっきりしてきた時代です。

このころは人形の本ばかり読んでいました。熱心に取り組んだので評価され、JIAの25年賞も受賞しました。担当は瀧川公策と弓良一雄です。

上・下／横浜人形の家（一九八六年／建築業協会賞、商環境デザイン賞大賞、神奈川県建築コンクール最優秀賞、横浜優秀設計事務所表彰、ディスプレイデザイン賞優秀賞、横浜まちなみ景観賞、公共建築100選、日本建築家協会25年賞）

少年たちが住む家
新たな多角形の教会

東京サレジオ学園はカトリックの社会福祉法人の施設で、妻の茶道の友人の紹介です。宗教的な建築は経験がなかったので初めは断ろうと思っていたのですが、村上神父始め、五人くらいの神父さんが坂倉に頼みに来られ、戦後の荒廃した東京の町をさまよっていた戦災孤児の救済のための学校であると聞き、引き受けました。しかし、つくられた当時とはここで暮らす少年の事情も違ってきて、今は虐待を受けた子たちが多いと聞きます。サレジオの教育の根底には、創設者ドン・ボスコの、愛と理性と宗教の三つの教育理念があります。当時は園舎にひとりずつ神父さんが付いて父親代わりをしていました。

もとは陸軍技術研究所の跡地の広い敷地です。その土地を使っての計画でした。設計をする前に、資金の調達のために村上神父と一緒に企業に寄付のお願いをしてまわりました。後に村上神父の姪が坂倉事務所に入所しています。

初めは「譲葉舎《ゆずりはのいえ》」という園舎からつくりました。一九八五年ごろ計画が始まり、最後に体育館をつくるまで六年かかり、工期が長かったので、多くの所員が担当しています。この仕事にかかわっていた時期は、聖書を読んでのめりこんでいました。ポストモダンなどが流行っていた時代に、牧歌的でシンプルな瓦屋根のある設計にしたのは、少年たちが住む家をイメージしたからです。サレジオ会の創設者ドン・ボスコの精神を引き継ぎ、少年たちがのびのびと生活するというコンセプトです。

瓦の組み合わせにこだわり、事務所で仮設の屋根をつくり、瓦を並べて組み合わせを試しま

東京サレジオ学園（Ⅰ―Ⅳ期）
（一九九〇年／公共の色彩賞）
写真左・右／ドンボスコ記念聖堂
（一九八八年／日本芸術院賞、吉田五十八賞、
（共通）村野藤吾賞、建築業協会賞、
日本建築家協会25年賞）
［写真提供：新建築写真部］

した。目立ってきらきらするような施設ではないので、素朴だけれど明るく見えるようむらのある色合いを求めました。当時、モダニズムのイメージの強かった坂倉事務所では、屋根をかけることに抵抗感がある所員もいました。しかし、私は豊かな空間になると実感していました。教会を設計するため、担当の藤木隆男などとともに典礼学を研究しました。ちょうど、第二バチカン公会議で典礼の仕方が変わり、司祭が神ではなく信者の方を向くようになった時期でした。さまざまな賞を受賞しました。

日立シビックセンター
(一九九〇年／建築業協会賞、電機設備学会賞技術奨励賞)

七つの機能を分離、再構成した複合空間

坂倉事務所としては久しぶりに当選した指名コンペで、日立シビックセンターの設計をすることになりました。ライバルには大高建築設計事務所、山下設計など大手五社が参加していました。日立鉱山の閉山で、日立駅前の鉱石集積地だった場所が空き地となり、日立市が駅前開発をしようという計画でした。

一つの建物に、七つの施設を複合していくプログラムで、交流空間、図書館、音楽ホール、科学館、情報センター、福祉施設や商工会議所をあまり広くない敷地にどうやって取り込むかというコンペです。

事務所が非常に忙しい時期で、階段途中の掲示板に、「設計競技があります。担当者を募集します」と張り紙をしましたがなかなか手が挙がらず危惧していました。滝川公策を上につけ、篠田義男、植田崇郎、中山卓郎、村上晶子が担当することになりました。

スーパーひたちを下りた日立駅でライバルの大高正人さんに会ったときに、「いつも審査員をやっていますが、今回はとります」と宣戦布告され、闘志が湧いたのを覚えています。ほかの事務所は大きな模型をつくっている中で、発表はコンパクトにしようという意図もあり坂倉は模型も小さく、大高さんが優勢と予想しました。しかし、日立市のつくった大きな敷地模型に坂倉の小さい模型を入れることにして、お陰で当選しました。

天球を建物の端に乗せるデザインは植田のアイデアです。平面プランは、三枚おろしと呼んでいたのですが、縦に三分割にして機能整理が無理なくできました。ほかの案にはなかった商工会議所を外に出した設計も気に入っていただけました。三枚おろしを覆う大きな架構の下にアトリウムを設計しました。コンセプトがはっきりしていたのが市役所の賛同を得ました。盛りだくさんで構造も大掛かりで、現場は大変でした。この現場も、タイルのトライをして、音楽堂の外壁にラスタータイルと練りこみタイルを採用し、筋があるものとないものを使い分け、その模様が天気や時間によりさまざまに見える工夫をしました。

壁のボリュームのスタディ
自然換気のホール

千葉県のかずさアカデミアホールは、雑木林が起伏する造成地にあり、地形と植生をできるかぎり残す方針で、工事中も中央街路からの仮設道路は許されないなど環境保持の厳しい計画でした。既存のホテルオーク

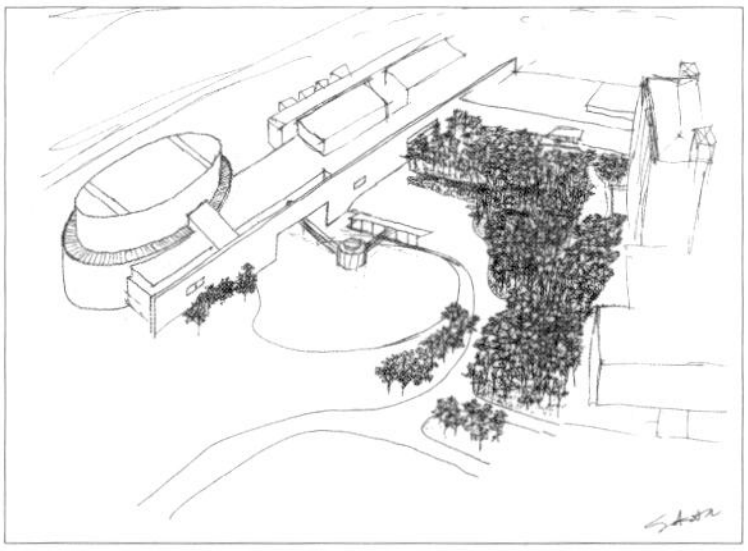

上・下／かずさアカデミアホール（一九九七年／千葉県建築文化賞、SDA賞、公共建築賞優秀賞）

ラとはコンプレックスで結ばれ隣接していますが、デザインには連続性と同時に独自性を表しました。大きな壁で仕切り、手前に池を配した静謐な空間をつくり、壁を抜けるといろいろな機能があるという設計です。山側に開かれていて、機能的には小さいものが分散しているはっきりした構成になっています。ボリュームのある壁のスタディを手描きで何枚も描きました。自然換気で、通風がとれるようにしています。足立圭介、横田重雄、北村紀史の担当です。

日本の国土を生かし つくり過ぎず変化を見通す

小田原市総合文化体育館・小田原アリーナは指名コンペで選ばれました。環境が非常に良く、富士山や箱根、丹沢を望み、池に面しています。池原義郎さんが審査員を務め、バブル期にありながら、建設残土を外に捨てず敷地内にマウントし、芝生の丘をつくるという牧歌的な案が評価されました。予算がなくクローバーになったのですが、結果的には維持の手間がかからず、今もクローバーが青々と茂り良かったと思います。庇が大きく出て自然通風ができるようにしました。百メートルスパンで構造の松井源吾先生の最後の仕事です。現場にも松井先生がこられました。地形を粘土でつくり広場の形を決め、戸田建設に模型を渡し、断面をおこしてもらいました。周りに二階建ての低層の住宅地と小学校があり、スポーツ施設として機能するぎりぎりの低さを検討し、ボリュームをそいだ屋根型の形を考えました

つくられて以後、竣工時よりも良くなっていく、そういうところに目を向け、つくり過ぎないということは重要です。日本の国土は自然に恵まれ、変化があり、それをうまく生かしてい

小田原市総合文化体育館
小田原アリーナ(一九九六年／神奈川建築コンクール優秀賞)

く必要があります。昔は、そういうことを大切にする国で、日本の建築はそうしてつくられていたはずです。大陸の真似をして良さをなくしてしまうようなことはせず、日本のスケールにあった建築をめざし、日本のデザインの優しさを大切にする。そういう方向に目を向けなくてはいけません。担当は、中山卓郎、萬代恭博です。

事務所の食堂はコミュニケーションの場 創設時からの伝統

桐生市市民文化会館の設計当時は、車を運転して頻繁に敷地を見に行き、案をスケッチしていました。桐生市の三方が山に囲まれ、渡良瀬川、桐生川の清流豊かな自然景観と、文化的象徴である繭をイメージ・コンセプトとしました。大ホールは上部より地上二十五メートルの高さに持ち出され、長軸九十メートル、短軸五十三メートルの繭型の大天井に庭園を配し、建物周辺からは「繭」に、遠方からは浮遊する階に見える構成です。庭園の芝生からは赤城連山が見渡せます。巨大な建築に見えないように、分節したデザインにしています。担当は布川俊次、米田正彦です。

桐生市で織物業を営む宇野さんには群馬ロイヤルホテルで壁紙を担当していただき、それ以来のご縁で、前橋市役所の壁紙も絹織物でつくってもらっています。

この時期は、所員は全員が現場に常駐してほとんど事務所にはいませ

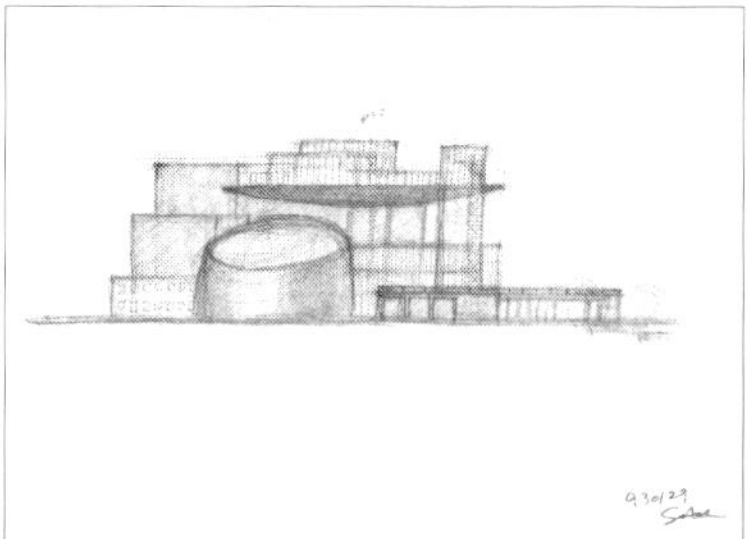

上・下／桐生市市民文化会館（一九九七年）

社員食堂の様子
（日経アーキテクチャー
一九八九年七月十日号）

んでした。しかし、事務所にいる時は事務所内の食堂で、給食のようにお昼を一緒に食べていましたので、食堂で所員とのコミュニケーションがとれていたのが良かったと思います。私はもともと子どものころから持病の喘息があったのですが、眠れないくらいひどくなったことがありました。入院をしたのですが、皆が病室まで図面や模型を持ってくるので、ここは事務所ですかと医者がびっくりしていました。この頃は、イタリアへ日帰り出張をしたり海外を日本国内のように飛び回っていました。

類のない大型陶板美術館

大塚国際美術館は、大塚グループ創立七十五周年の記念に、発祥地の徳島県鳴門市に明石海峡大橋開通と同時に完成しました。青柳正規東京大学教授（現・文化庁長官）を委員とし、西洋美術史専門の六名の先生が選んだ、古代ギリシャ、ローマから近代までの名画を、原寸大で忠実に陶板に焼き付け常設展示する世界で初めての美術館です。陶板に焼き付けた名画の額縁は、イタリアの職人が本物と同じに再現しています。信楽焼の奥田實さんが大型陶板の技術開発をし、大塚製薬に企画を持ち込み、大塚オーミ陶業が設立されたと聞いています。奥田さんには新宿西口の小田急百貨店ビルに始まり、前橋市役所でタイルをつくってもらい、以来いろいろとサポートしていただきました。

大塚製薬会長の大塚正士氏は大変な実力者で、お好きな琵琶湖ホテルを模した潮騒荘が建てられていました。琵琶湖ホテルは新しく建て直されていますので、今は大塚国際美術館の向か

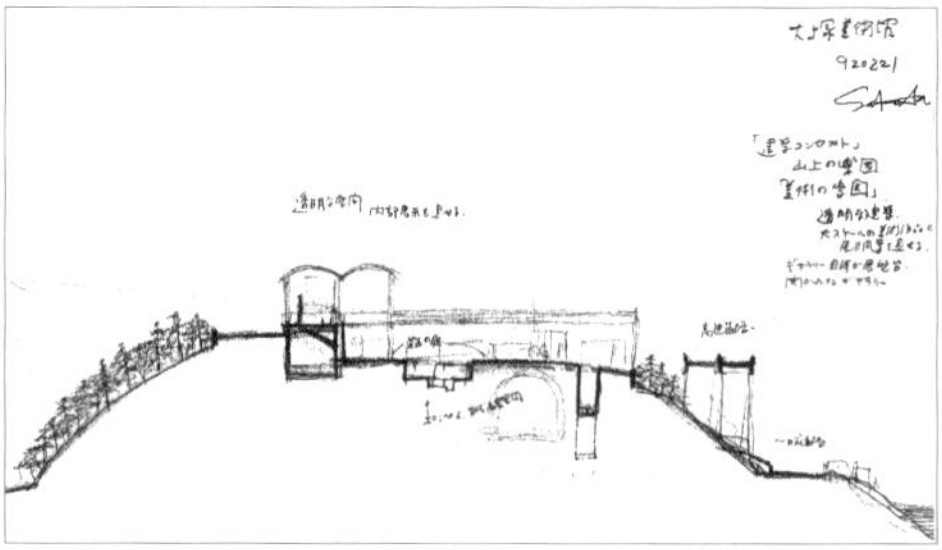

上・下／大塚国際美術館（一九九八年／SDA賞）

い側に建つ潮騒荘に、ありし日の面影が残されています。敷地は渦潮で有名な鳴門海峡に面し、三方を海で囲まれた国立公園内にある丘陵地です。クライアントの条件と、神戸淡路鳴門自動車道から美術館が目立つこと、自然公園法と文化財保護法の規則などを検討し、標高四五メートルを地盤とする地上の建築以外はすべて斜面に埋め込む計画にし、エスカレーターで最下層から展示を観ながら最後は地上階に出る美術館にしました。案やスケッチは私がかなり描きました。

現在も年に一度、大塚国際美術館の評議会に委員として出席しています。私が神奈川県立鎌倉近代美術館の評議会議員をしていた頃にご一緒だった方や、また、上野の国立西洋美術館の歴代館長をされていた諸先生方とは大塚国際美術館での評議会委員として、現在も毎年お会いできるのを楽しみにしています。担当は野口潔、福田悟、泊真一郎です。

光の色彩あふれる教会
社会的な建築を

鹿児島のカテドラル・ザビエル記念聖堂は、ザビエル渡航四百五十年を記念して指名コンペが実施され、われわれの案が選ばれました。カトリック教会には教皇庁につながる司教が配される司教区に司教座聖堂があり「カテドラル」と称されます。コンペでは、周辺の景観を尊重して、現代の新しい聖堂建築を考えようと正面のシルエットを継承し、側面の屋根形状はザビエル渡航から連想した船をイメージしました。一見単純に見え実は複雑な形態の建築を提案したのです。宗教的象徴性を色彩中心に考え、「赤・青」二色の構成で、

鹿児島カテドラル
ザビエル記念聖堂（一九九九年）
［写真提供：鯵坂徹］

日本キリスト教殉教者の犠牲とザビエル宣教の勇気を表し、薩摩切子の色でもある「赤」を会衆席背後に配し、正面祭壇側には、敬虔な祈りを象徴する色、大航海時代の色でもある「青」を配しました。予算の関係で、ステンドグラスではなく色ガラスを採用しました。日本とヨーロッパ文化の出会いをデザインし、早朝から日没へ刻々の空間の色彩変化、天候や季節の変化を織り込みました。この聖堂が自然と神から人びとへの語りかけになればとの思いを込めた「祈りの空間」にしたのです。

大型タワービルの総合監修を引き受ける

JR名古屋駅の再開発、JRセントラルタワーズ計画では阪田誠造個人として、全体の監修依頼を受けました。デザインはアメリカのKPF、設計は大成建設と坂倉建築研究所のJVです。KPFと日本側の意思疎通をはかる会合は一カ月交代でニューヨークと名古屋で行われ、KPFの所員も日本に来ていましたし、私も一カ月おきにニューヨークと日本を行き来していました。デザインに手を加えるようなことはあまりしていません。

地上地下とも軌道敷都市計画広場で四方を固められ、東西に貫通する地下鉄をまたいで二棟の超高層ビルがつくられました。私は、このタイトな超高層建築を立体都市のコンセプトで構想し、回遊路である垂直交通路(エレベーター)が都市に開く構成としました。巨大な建築に人間的スケールの多彩な回路を織り込み、柔らかい表情のデザインをめざしたのです。

PC板カーテンウォールの塗装の外装が均質な仕上げになるのを嫌い、透明感や材質の風合い

右・左/JRセントラルタワーズ(一九九九年/建築業協会賞、中部建築賞、名古屋市都市景観賞、愛知まちなみ建築賞、グッドデザイン賞、鉄道建築協会賞特別賞、照明学会照明普及賞)

を色調に求め、塗装現場に何度も立ち会いました。

信者の心を動かした革新の教会

サレジオ学園の実績から、聖イグナチオ教会の設計コンペに指名されました。ほかに前川建築設計事務所、香山壽夫さん、長島孝一さん、一粒社ヴォーリズ建築事務所が参加しました。サレジオ学園の経験があり、現在の典礼のあり方を聖堂に表現し評価されました。古い序列を打ち破った楕円形にしました。古い教会は、序列を重んじ、縦長の細長い形をしています。歴史的に見ても例がなかったのではないでしょうか。第二バチカン公会議の教義を設計で表現しました。基本設計中は「信者と語る会」を毎月実施しました。改革派の神父さんには支持されましたが、古い信徒の中には反対の方が多くいました。しかし、完成した聖堂でのミサに参列した方から感激の声が上がり、反対の声が次第に消え、理解されました。楕円形のこの教会ができたことで、信者が増えたと聞いています。音響の設計は東京大学の橘秀樹さんにお願いしました。村上晶子、田代輝久、鬼木竹義、石川恭温が担当です。

聖イグナチオ教会 ザビエル小聖堂
（一九九九年／建築業協会賞）

事務所代表部の去就（一九九九年）
阪田誠造………坂倉建築研究所代表取締役 退任
　　　　　　　最高顧問 就任
坂倉竹之助……坂倉建築研究所代表取締役 就任

（↓五六ページへ続く）

主聖堂内部

聖イグナチオ教会

1999年｜東京都千代田区

東京サレジオ学園ドンボスコ記念聖堂に続き、
第二バチカン公会議の教義を設計で表現した楕円形の教会。
序列をなくし、司祭と信者が輪を描くように対面する

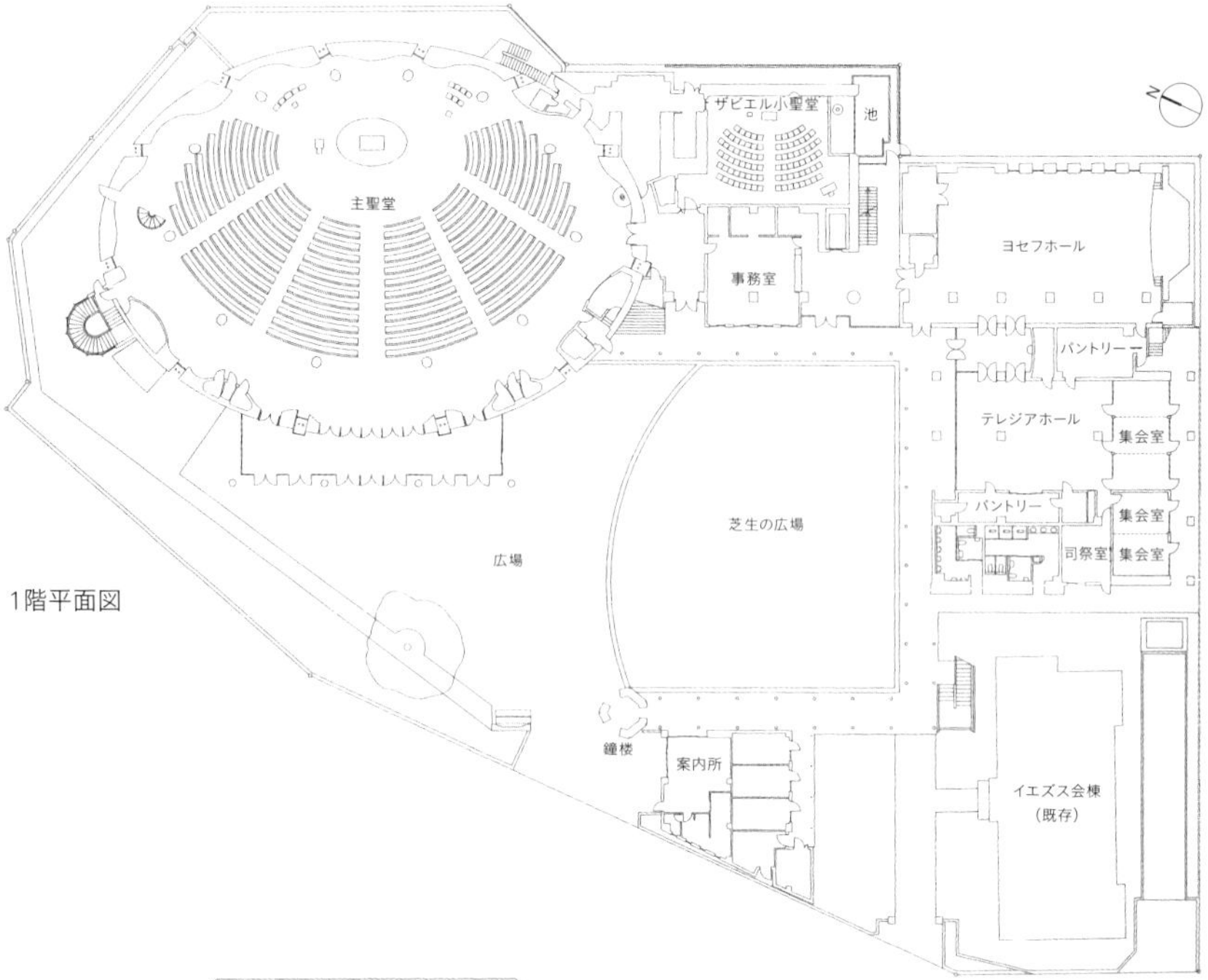

1階平面図

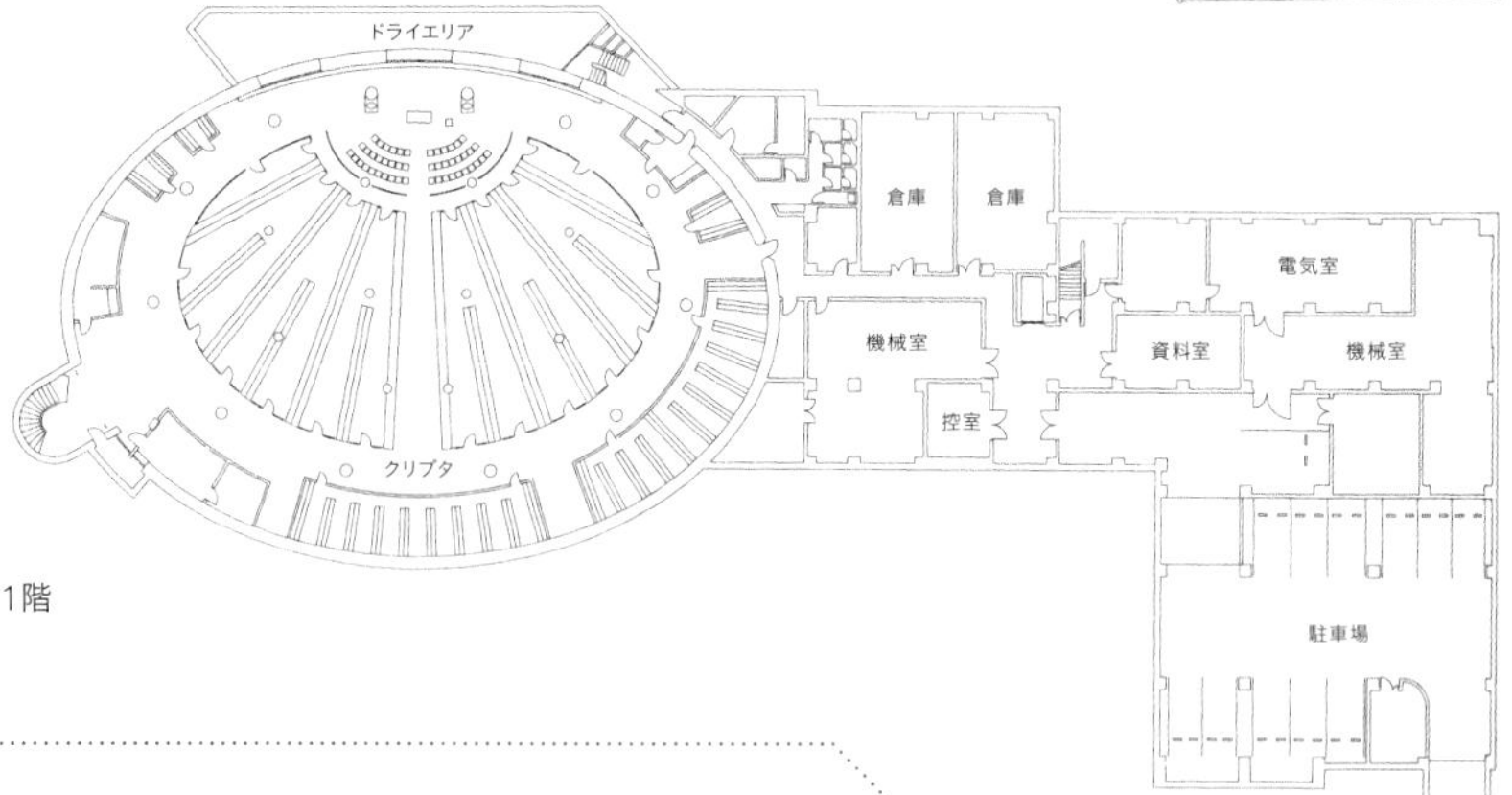

地下1階

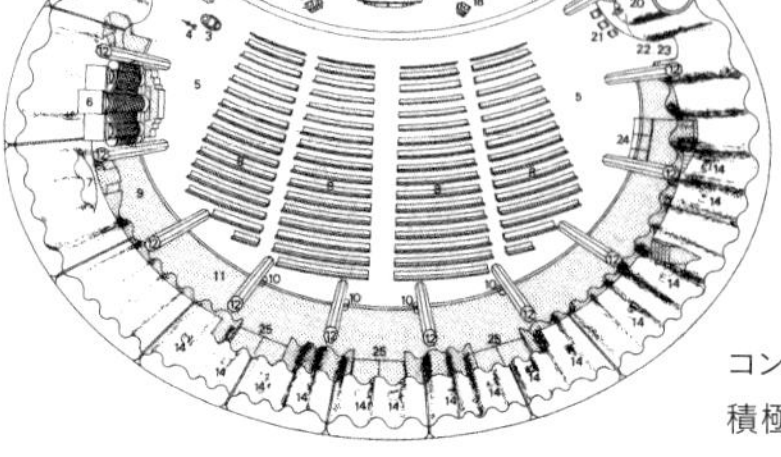

コンペ案の主聖堂平面。この時点ではまだ祭壇を
積極的に取り囲んでいない。

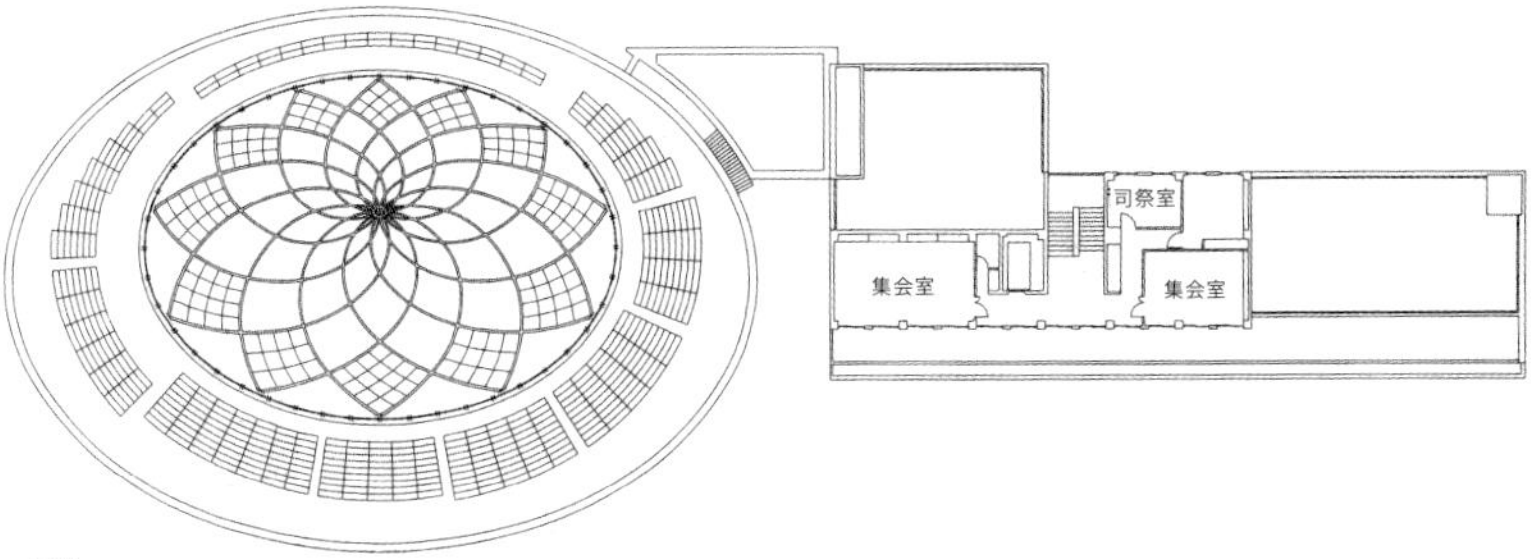

4階

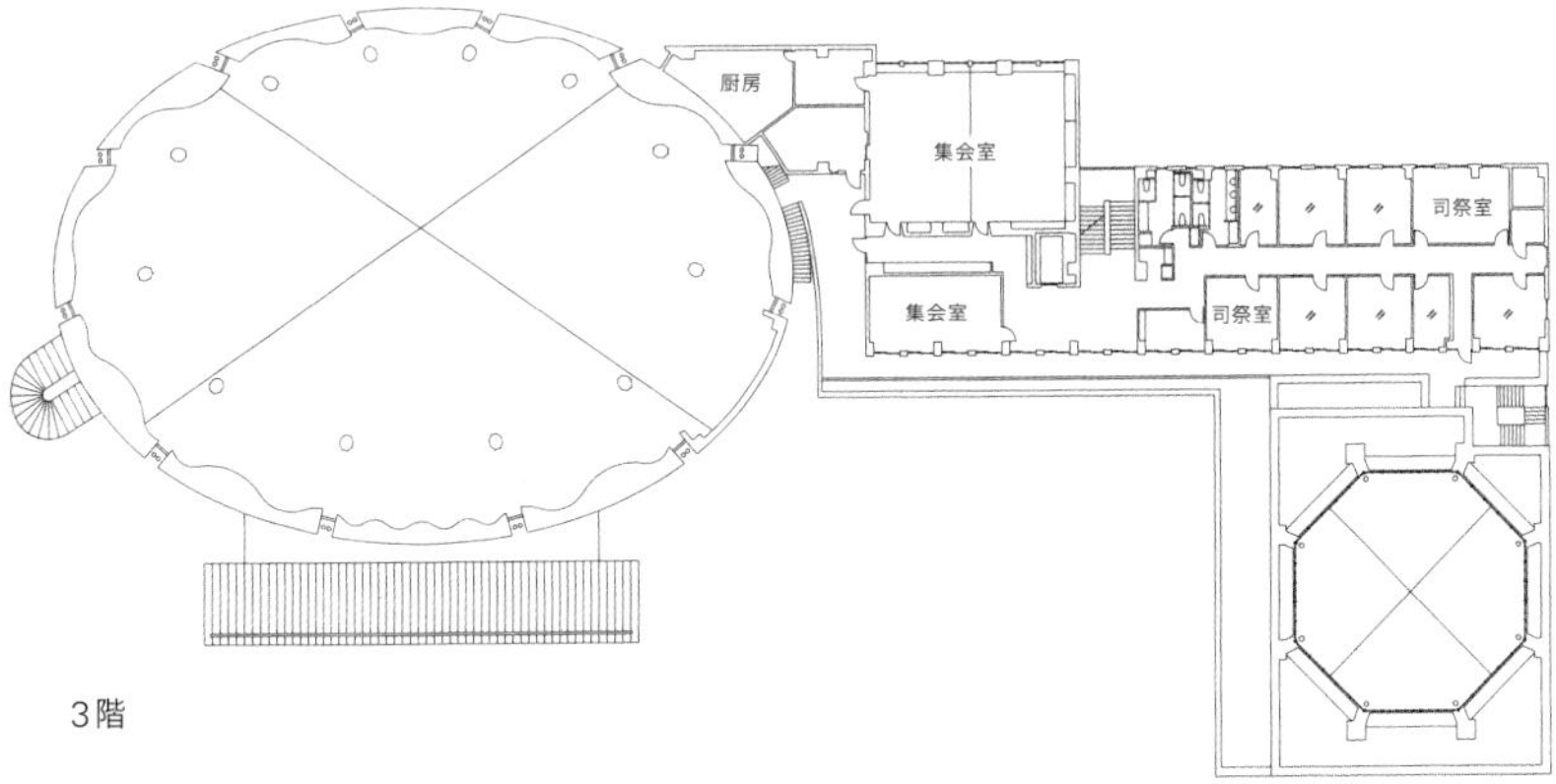

3階

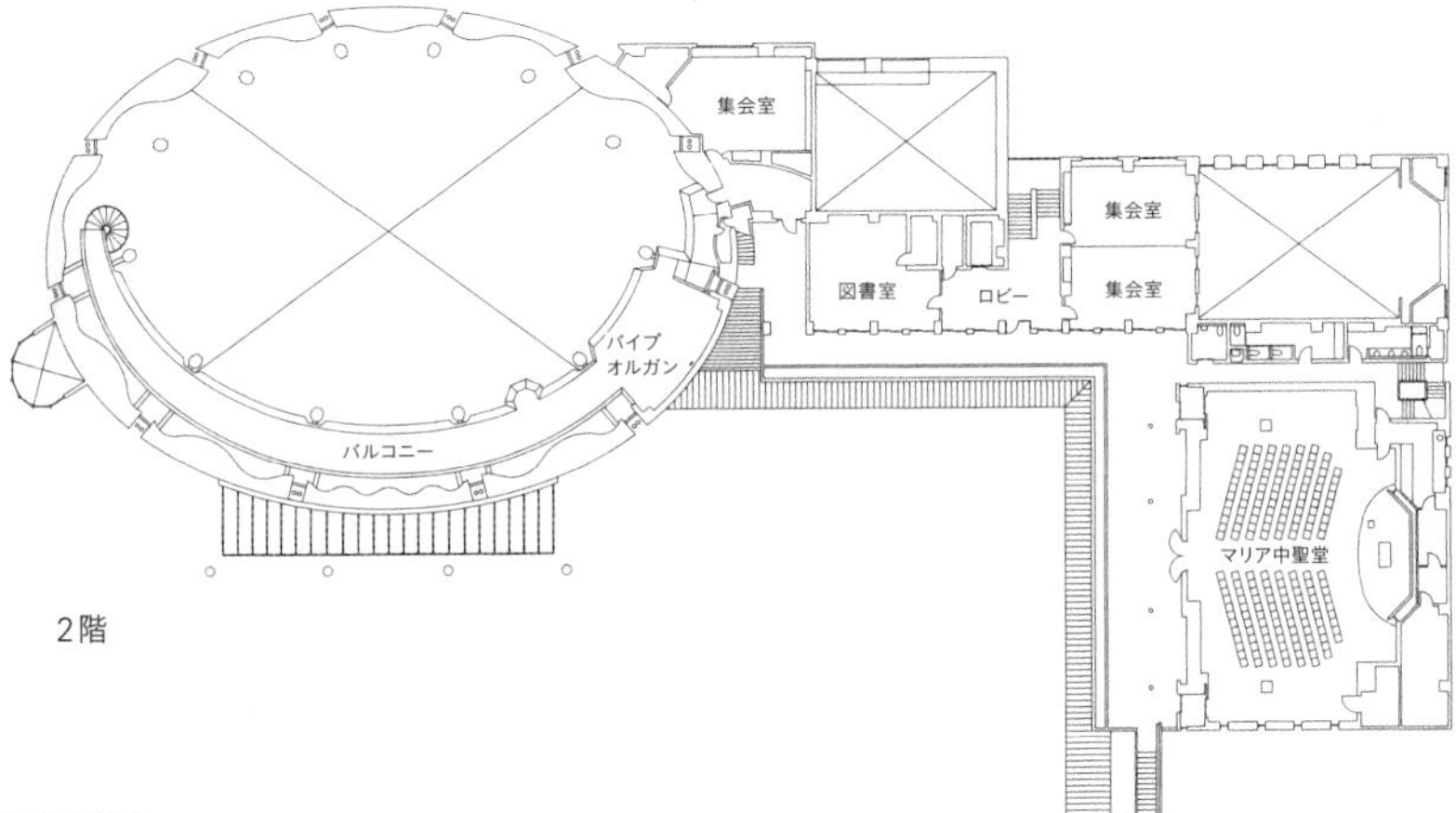

2階

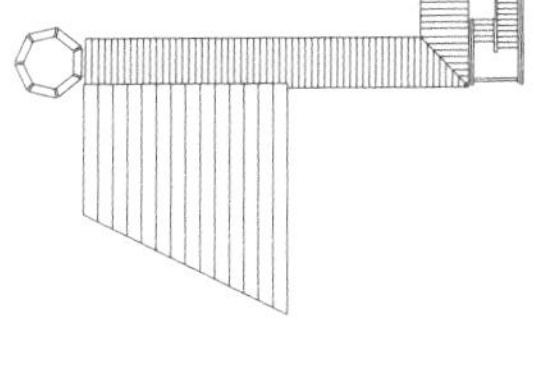

●聖イグナチオ教会

敷地面積.... 6,060.60m^2

建築面積.... 3,052.31m^2

延床面積.... 7.332.66m^2

構造........... 鉄筋コンクリート造 一部鉄骨造

広場を中心に三つの聖堂やホール、
鐘楼が取り囲み、
祈りの場のかたちを形成している
（聖イグナチオ教会）

（↓四九ページから）

美の選別
建築家としての集大成の美術館

菊池寛実記念 智美術館は、京葉ガスの会長であり現代陶器のコレクターである菊池智さんの収蔵品を展示する美術館で、館長は林屋晴三氏でした。菊池智さんは四十年ほど前に、アメリカのスミソニアンで日本の現代陶芸の展示会を自費でされたことがあります。

菊池智さんは、私の知るクライアントの中ではもっとも厳しい方で、建築が必要だからつくるというのではなく、絵や陶器と同じように建築を考えていらっしゃいます。使われるものだから機能を果たせばいいというのではなく、美の選別が厳しいのです。知り合いだからとか、紹介だからというのではなく、実に勉強されており、他の作品をよく見て設計者を選び、自分の審美眼に合うものをつくる人を見つけ出してつくる方です。

菊竹清訓さんが設計した菊池智さんの迎賓館を壊して美術館とオフィスをつくるという計画でしたので、菊竹さんの了解を得るために、私と菊竹さんと菊池智さんの三人の席を設けていただいたのを覚えています。ご配慮のある方です。堀口捨己の「磵居」が菊池智さんにとって建築の原点であり、建築家の評価軸になっているようです。

菊池智さんとの最初の出会いは小田急の方からの紹介で、軽井沢の別荘を篠田義男と担当しました。出来上がっても気に入らないと何回も手を加えられ、いまだに完成していません。ご自分の納得ゆくまで妥協されない方なのです。もう設計の依頼はないと思っていましたが、その後に菊池寛実記念 智美術館の依頼をいただきました。この美術館の評議員もしました。主要

菊池寛実記念 智美術館
スケッチ（二〇〇三年）

な部分は水澤工務店が手がけ、詳細は私のスケッチをもとに水澤工務店と清水建設が施工図を作成したりと、エネルギーの必要な現場でした。建築家個人としての思い入れ深い集大成となりました。担当は山本想太郎です。

若い人へのメッセージ　建築の喜び

建築家の仕事とはどういうものか。坂倉準三建築研究所では入った最初から、上司や先輩から言われた通りに図面を描くのではなく、担当になったら敷地の状態からどういう建築をつくるかを自分で考えるのが当たり前でした。それだからこそ設計の仕事は楽しいのであり、それが建築家であると思っています。指示を待つような人は坂倉準三建築研究所にも坂倉建築研究所にもいませんでした。必要なかったのでしょう。坂倉事務所は、どの所員も設計ができる組織体だと思っています。所内では、先輩後輩であるし、影響を受け学ぶことも多くありますが、先輩から指示をされたことはあまりありません。

所員同士でも、相手がどういうのをつくるかと虎視眈々と、互いにライバルであり刺激を与え合う関係でなければならないと思っています。所長の立場としては、見ておかしいところは担当者に直させなければなりません。教育するのではなく、自身のあり方が教育につながると考えます。強制するのでなく、もっといい方法があるのではないか、一歩でも先に進めるやり方を一緒にみつけていくのが設計事務所だと思っています。建築は、過程が面白いのです。新しいものをつくり得た喜びがある。設計事務所、少なくとも坂倉建築研究所は建築家の集団で

学生との記念写真
（一九九〇年―明治大学理工学部建築学科非常勤講師、一九九三年―明治大学理工学部建築学科教授を歴任した）

あり、それにふさわしい組織でありたいと考えてやってきました。

新しい建築をつくるというのが建築家の仕事ですが、一様に新しいから良い、大きいから良いというものではありません。建築をとりまく環境も世の中の必要とする機能も時代によって変わっていきます。それをどう解いていくのかが設計です。自分自身が学んでいかなければ、仕事はつながっていきません。無難なものをつくってお金がもらえればいいというのでは良い建築はできるはずがないのです。自分自身を育てていく努力が大切です。

私は発見したり工夫をするのが建築の楽しみであると思っています。その結果、評価され、賞がもらえると最高です。いかにフレッシュな良い建築をつくりだせるか、努力と苦労をしなければなりません。現代の建築家を志す若い人にはぜひ、挑戦してもらいたいものです。

これからの建築家の職能 建築を再生する役割

最近の例では、鎌倉の神奈川県立近代美術館が、取り壊しから改修保存へと風向きを変えています。結局、よく考え抜かれた建築は残っていきます。よく考えてつくるということにはエネルギーと時間もかかりますが、魅力がない建築は長く残りません。単に耐久性があり残すことだけを考えてつくっても、魅力のある建築になるのは難しいでしょう。大切なのは、使う人が愛着を持ち大事にされる建築であることです。設計者としては、長い年月を経た建築のどこが具合が悪いかを充分に検討して、壊す以外の回答を、使う人と一緒に考え、残しながら新しくしていくことが可能な場合もあるはずです。誰かが、それを見極めてやっていかなければな

国際文化会館増改築（二〇〇六年）

らない。元の建築が持っている個性を生かして改修することが大切です。

私が経験した例では、国際文化会館の増改築（二〇〇六年）があります。実施設計は三菱地所設計ですが、私が監修者として指示を出しました。一階にあったバンケットホールが縦長で使いにくかったため、岩崎小彌太ホールを増築しました。狭く使いにくい部分のあった折り返し階段は、幅を広げ改修しました。拡幅したエントランス部分ではガラスを自立させることで最小の拡幅寸法で納まるように計画しました。近代建築史の専門家の立場から鈴木博之さんは、今の形のまま補強だけするのが良いのではないかと主張されました。しかし、私はリノベーションと保存の問題は、保存に固執せずリノベーションの具体的な解決を探し求めることが、設計者の責任であり、職能に求められる役割であると受け止めてきました。保存し、再生することは、新しい建築を設計することとは基盤が異なりますが、一つの答えを追及し、建築の魅力の向上を確実に実現するための設計の仕事に変わりありません。

日本の建築界、設計界で、改修は現代の課題だと思います。建築家には、つくるだけでなく、建築を再生する使命もあると思います。そこに着眼して新しい道を開いていく役割は、建築家にしかできないと考えています。

（このインタビューは、東京都世田谷区岡本の阪田誠造宅および東京都港区赤坂の坂倉建築研究所にて二〇一四年七月二十九日、九月三日、十月八日、十一月十九日、十二月三日、十二月八日、二〇一五年一月二十八日の七回にわたって収録された。インタビュアーは、水谷碩之、篠田義男、萬代恭博、金子修司、戸田幸生、西川直子。テキストは、雨宮明日香が原稿化し、阪田誠造およびインタビュアーが加筆、修正を行った。写真・図版提供については、阪田俊子および坂倉建築研究所の協力を得た。）

聖イグナチオ教会・
マリア中聖堂（1999年）
撮影：井上玄

論考

文●阪田誠造

6週間の秀作
横浜人形の家 設計メモ

6　週間の秀作

一九七五

冬の平家池は、藻や蓮が浚われて、すっかり水面が現れる。低い陽射しが美術館のピロティの奥に長い影を落とし、白い天井一面に光の漣が拡がり、視界を区切る新館の大きなガラスの中に、僅かに人影が動く。静寂がしみる空間。この建築が生まれて、やがて二五年を迎えようとしている。思えばこの美術館が創られた頃は、近代建築はまだ若い実践期であった。四半世紀の時の流れは、近代化の思想と方法の欠陥を次第に露呈し、共通理念の喪失、バラバラの自己主張にみられる混乱状態と苦悩へ、建築家たちを追込んできた。しかし、広い意味での近代建築は、色褪せ魅力ないその教養と共に、今なおわれわれの中に、生き続けている。新たな模索のために、かつて見落とし切捨てたものに対する見直しが必要であると同時に、不変の真理への問直しも忘れてはならない。坂倉準三を偲ぶに当り、僕は、師が何を遺してくれたかについて、鎌倉の作品を通じて改めて考えてみたいと思った。☆

一九四九年、神奈川県は、県美術展を企画したが会場の当てがなく、県下在住美術家三十数名を網羅した県美術家懇話会を設立し、検討の末新しい施設が必要ということになった。翌年、二千八百五十万円の建設費予算が県会で可決され、同時に伊東深水、木下孝則、小山敬三、佐藤敬、高間惣七、田辺至、中村岳陵、村田良策、安井曽太郎、山口蓬春、吉川逸治、吉田五十八の諸氏が美術館建設準備委員に選任された。占領軍政策で社寺地が国家保有に移管されていた当時、鎌倉八幡宮側から、平家池畔に県立美術館誘置の提案がなされたという。そこは、破魔矢を作る小屋がポツンとある以外、ゴミ捨場に近い濕地だったようだ。一九五〇年四月二八日の建設準備委員会で、敷地の決定と共に前川國男、谷口吉郎、吉村順三、山下寿郎、坂倉準三の選定がなされた。五月一二日、第二回委員会が八幡宮社務所で開かれ、コンペ指名建築家を招いて説明と懇談が行われ、翌月二四日、第三回委員会が即審査会となり、「予算面から適当と思われた」実施設計案が決定された。以上は県の記録等を基に経緯を綴ったものだが、坂倉の手帳が残っていて、関連のメモを見ることができた。五月一二日金、鎌倉行午後三時於八幡宮社務所鎌倉美術館建築準備委員會建築家山下、谷口、前川、吉村、坂倉。吉田五十八氏ト始メテ會フ。五月一四日日、終日家ニアリ鎌倉美術館ノ略案ヲカク。五月一六日火、一二時一四分横須賀行ニテ鎌倉ニ至ル。北村君(北村脩一)同道駒田(駒田知彦)トHaar(写真家)事務所ニ到リ彼等ト八幡宮ノ美術館予定地ヲクハシク見ル。僕ノ略案ニテ略々ヨシ。六月二四日土、午前七時鎌倉美術館設計締切一〇時半縣廳谷口ト一緒。吉村君山下代理等ト副知事室ニテ二時マデ待チ、後順次委員ニ説明。三時半谷口ト本牧ノstandard Oilノ社宅レイモンド事務所現場ヲ見ル。六月二五日日、朝鎌倉村田氏ヨリ電「坂倉ニ決メタ」。

　コンペの提出当日に案の決定がなされたスピードぶりも驚かされるが、設計期間も随分短い。当選案は、国際建築一九五〇年六号に発表されたが、図面、説明書をよく見ると、実際建ったものと殆ど変わりない。僅か六週間のコンペ設計案が、そっくりそのまま実現されている。当時としては全くの新材料で、この建築を機にわが国で始めて造り出されたというアスベストウッド材や、まだ珍しいアルミ型押出の目地材を始め、スペースフレームや波形鉄板軽量コンクリート床版とユニット化した内壁パネル工法の採用など、構造、工法、仕上に至る詳細な検討を、短期間に行いながら実施設計をまとめたということになる。規模が小さいから可能であったのか。僕は、坂倉を中心とする集団の作業にあって、建築の基本に遡って意図を確

☆……本稿は、一九七五年、坂倉準三の七回忌に刊行された『大きな声 坂倉準三の生涯』に所収されている。阪田誠造が鎌倉近代美術館の部分を担当して執筆したものである。

認し合う迷いがなく、代わりに資材や生産力が乏しかったために、モノと造形の直結した思考に、設計作業を収斂して進め、造り上げた結果は、容易に別の選択を許す状況ではなかったからだろうと思う。この建築は、坂倉自ら構想した作品であったことは、引用メモにも明らかである。池中の柱脚に据えた自然石も、鉄骨ブレースをかくすための大谷石壁も、彼自身の発案だったという。設計上最も意を注いだと考えられる点は、敷地の環境に対するあり方と、少ない予算に応じた造り方の問題だろう。両者とも、彼が一九三七年パリ万国博で解決済みのものであった。一三年前の体験は、確固たる自信をもって基本方針、即ち敷地に建築をソッと馴じませること、鉄骨軽構造とを決めさせ、協働者たちを力強く引張って行ったことと思われる。揺るぎない自信、晩年には一抹の翳が見られるふしもあったが、終生坂倉を支えてきたものだった。体得したコルビュジエの教えを実践せねばならぬとする使命感、先進の文明に直接触れ第一級の人々との交流から生まれた国際的視野、地方の名家に成育し継承した血がなせる日本の感性、これらが彼の自信の根源であったろうか。日本と西洋、田舎と都会の問題は、恐らく青年期の坂倉を悩ませたものと推測できるが、彼の血肉の苦闘が、近代建築のひとつの展開と、自己の建築の源泉に転換し得る資質として、彼自らが確認できた後の自信は、まさに不動のものとなり得たと、僕には考えられる。敷地の特殊性から、伝統の問題を全く避けるわけにはいかなかったが、池中に柱を突込み、自然石を礎石風に配する以外、伝統の意識よりも純粋に近代建築を造り上げることに専念した。これは、日本人の感性が自然に造形に滲み出ることが即ち日本の伝統の継承だとする、彼の主張の表れであった。坂倉は、創造活動において固い理論や教条にとらわれることを厳しく排し、柔軟な発想と豊かな感性を武器とすべしと教えたように思う。そのため、所内では論理的思考の追及が極度に不毛であったけれど。

コンペの設計趣旨説明中に、「外苑に細道を配し、平坦な中庭の開放的展示場に動線を集中して、人が集まっても自然が荒らされないように考慮」したといっている。今でこそ自然が荒らされないようにという主張は、誰でもする所だが、坂倉の自然に対する態度は、変わりなく科学者、技術者の視点でない、生活者、観賞者のそれであり、「自然な」自然を尊重するものであった。自然なよさに価値を見出していた彼は、デザインする上でも余り技巧に走ることを好まず、そのためか、色々検討した末にも拘らず、最終的に不恰好なディテイルのまま造られて了うことが時々あったようだ。鎌倉でも、例えば鉄骨柱とショウウインドゥ枠とのおさまり部分などに、それが見られるように思える。

鎌倉美術館について考えていくうちに、僕は、当時の建築家のおかれていた背景の、ある幸福さといったものに思い至らないわけにはいかなかった。華奢な型鋼の骨組、どこを見ても素朴な仕上材。一五年後に増築された新館の方は、耐候性高張力鋼の厚い頑丈な骨組、高い天井一杯の大きなサスペンドガラススクリーン。両者の間には、一五年の日本の工業力と経済力の発展の姿が読みとれる。最近の建築は、更に豪勢な材料がふんだんに使われるものも多く、規模も一段と大型化されている。しかし簡素な材料しか使えなかった、この小さな鎌倉の本館に、僕は健康な建築創造の姿を見る思いがする。材料の豊富な選択が拡げられてきた一方で、真の創造活動は窮屈な枠の中に閉じ込められてきてはいないだろうか。経済支配の巨大な力、技術の管理体制の精緻な強化、企画と世論の亀裂。今日と比べれば、鎌倉の頃は、物は乏しくとも建築家の主体性をもった創造活動がフルに発動し得た幸福な像が眼に浮ぶ。そのような背景があってこそ、坂倉の信念も大きく結実し得たといえるのだろう。一九六八年、坂倉が没する前年に、鎌倉の本館は、雨漏りのため屋根外装等の大改修工事が行われた。その結果、雨漏りは止まったが、外観は改悪されて了った。自由で、柔軟な、粘り強い創造の精神は、既に発動のエンジンが衰えていたようだ。碌な建築材料もなかったので、凡ゆる点で工夫を重ね、しかも創りたいように創ったのが最初の姿であり、色々な材料も工法も求められた筈なのに、雨仕舞のために、形の重要なプロポーションを犠牲にして了ったのが、現在の姿である。検討の時間が少なかったということはない。何しろ、本館の殆ど全体に亘る設計は、実質的には、六週間でなされていたのだから。

（出典：「大きな声」刊行会編『大きな声　坂倉準三の生涯』一九七五年九月一日発行）

横浜人形の家 設計メモ

一九八六

「ドルズハウス――人形の家」は、ヨーロッパの子女に愛用された玩具である。わが国の雛人形が、宮廷の身分序列を象徴化した飾りであるのに対し、「ドルズハウス」は、自分たちの住居と家庭生活をミニチュア化したキャビネット的玩具である。一七、八世紀のドイツ、オランダにもっとも見事なものがつくられたという。

数年前、英国の『ＡＤ』誌が現代版「ドルズハウス」のコンペを行い、相田武文氏が入選したことが思い出されるが、多木浩二氏によれば、イギリスでは、建築家が自分のクライアントの子女のために、特別に設計した模型も「ドルズハウス」であったという。「ドルズハウス」について、建築、文化の記号論的考察を試みたのは多木浩二氏であり、そのエクリチュールが『現代思想』一九八二年一月号から三月号に掲載された。この「視線とテクスト第二部・人形の家」は、私たちが横浜人形の家を考えるに当たって啓発的ガイダンスを得たテクストであった。

横浜人形の家の敷地は、山下公園通り南端の観光バス駐車場一画に当たる場所である。フランス山と山下公園を結ぶ空中歩廊が都市計画決定され、人形の家計画は、これにドッキングして敷地の決定を見た。敷地内二階レベルにペデストリアンデッキを設け、山下公園への歩道橋計画に結ぶことが計画条件であった。かねて市に寄贈されている人形コレクションの常設展示と、多様な企画展示、研修など多目的の室、人形小劇場、情報センター、収蔵庫などを、限られた面積の中に納めると共に、地上は路線バスと観光バスの通路と駐車スペースに可能な限り開放し、その上なお、都市計画の遊歩道に結ぶ。この計画は、目抜通りの一端の、都市的ミニ再開発の性格を片方に持ち、市の観光文化事業として企画されたものである。因みに市の担当部局は経済局貿易観光課であった。しかし、企画の内容は、博物館に近いものとして考えられ、博物館法に基づかない施設ながら、専門的スタッフのための室も用意された。以上のように、実にさまざまな性格が重なった施設、建物が「人形の家」である。

人形は、人間との長く深い生活文化の関わりをもつものであるにもかかわらず、婦女子が対象でわが国の男尊女卑の残響の結果なのか、私たちが知る範囲では、重視された研究や記録には乏しい周縁的存在であったと思われる。設計を始めるに当たって調べて分かったことだが、人形の展示施設はもちろん、子供向けの人形劇場も、わが国には本格的施設といえるものが皆無に等しい状態なのである。人形と人形劇に関する資料集めに、担当者たちはヒアリングに遠方まで出向かねばならなかったり、実に多大の時間を割かねばならなかった。

山下公園通りは、名の通った建物が建並ぶ横浜市の整えられた中心である。都市景観上、街並みに同調させることが望まれる一方、楽しい想像力を喚起する表象とすることも、施設の性格から必要と考えた。それは、ディズニーランド風の建物とするのではなく、都市の建築であると同時に、「人形の家」としての固有な世界の表現でありたい。この場合、両義性や重合性は、敷地条件と施設内容の相関によって発せられる必然的な要請と私たちは捉えてきた。

この建物は、世界の人形、日本の古い人形たちが住む家である。ここには多人数の人形＝人間の生活の喜怒哀楽が見られ、その集積が社会のモデルを形成しているように視覚化された空間としてみたい。多くの家の集合がムラ、あるいは小さいマチであるもののミニチュア。「ドルズハウス」の建築化。マチは劇場であり、博物館であり、情報センターである。現実の都市の中の空想のマチ、劇場の中の現実の小劇場、家の中の家々。ここでは人形は人間となり、来訪者は人形に同化することによって交流が躍動する。

幾重にも重ねられた入れ子の構成が、横浜人形の家の建築構想の基本的骨格である。展示についても、この構想に関連づけた展示設計を空環計画の田中俊行さんにお願いをして担当してもらった。

設計においては、ディメンションとスケールの読み替えの操作を試みた。建築を見る上で、離れた視点からは周辺建物との関係から実体スケールでしか捉えられないものが、近付いたとき、心理的スケールの拡大と縮小が視覚に織込まれ、人間が人形に転換してメルヘンの領域に導入されるというストーリーを組み立てた。家のもっともポピュラーなイメージは切妻屋根形のシルエットであろう。しかしそれがビルディングのスケールでは、もはや家をイメージし難いものとなる。小さいものを拡大したと感じさせる縮小化の操作は、私たちが「S-2計画」や「加須青年の家」などで追求してきた光のテキスタイル(織目)効果をもつタイルの使用によるものである。拡大した煉瓦目地をラスター加工タイルで表現し、遠くからは目に捉えられない目地状模様が近付いたときに目に入ることにより、ビルが家に転換する異尺度の空間への跳躍を仕掛けてみたというわけである。ペデストリアンデッキは、人形の家々が連なる通りと広場としてつくり出した。建築の上方の透明ガラスを透して見える内部の人びとは、家の住人としての人形と捉えられる仕掛けも用意した。入り口である一軒の家を通り抜ければ、その先に展開するのは立体化した街路空間、子供たちを迎えるメルヘンの重ねられたマチである。

児童画には何でも同時に描出す透明画法と呼ばれる段階がある。内部展示のかたちの一部分が、山下公園通りのファサードに「描き出され」、内部ではそれがステンドガラスの窓として、互いに重なり合っている。「ドルズハウス」が子女の教育的機能も果たしたものであったことは、一七世紀に、アンナ・コフェルラインよって指摘されているというが、横浜人形の家は、単なる観光施設ではなく、学習的、教育的な役割をも負った施設である。社会的教育施設、公共施設を堅苦しく魅力に乏しいものとせず、本来の目的にそいながら、できる限り楽しくいきいきとした空間としたい。この願いをこめて私たちはこの建築の設計に取り組んできた。これから開館して、子供たちや一般の人びとに楽しいと反応してもらえるかどうか、その審決が気掛りである。

（出典：「人形の家　設計メモ」『新建築』一九八六年七月号）

対談
組織でない組織
内井昭蔵×阪田誠造

内井昭蔵 うちい・しょうぞう
建築家／1933年生まれ
早稲田大学第一理工学部建築学科卒業、同大学院修了。
1967–93年内井昭蔵建築研究所を主宰。
1993–96年京都大学教授。
1996–2002年まで滋賀県立大学環境科学部教授、
同大学大学院環境科学研究科教授を歴任。
2002年8月3日永眠。

羽島市庁舎の頃

内井　坂倉さんと阪田さんとの関わりは、読者の興味が深いところだと思いますので、その辺りからお伺いしたいと思います。

阪田　羽島市庁舎は僕が坂倉準三事務所へ入って初めて坂倉準三さんに直接ついて、自分で設計を担当した仕事です。それ以前は長大作さんをはじめ上の人の下で、僕は図面を描いたり現場に行ったりでした。羽島では初めて施主に会う段階から坂倉さんと一緒に行きました。羽島は坂倉さんの生まれ故郷なんです。坂倉さんの実家は江戸中期から続いている〝千代菊〟という造り酒屋で、竹鼻町で現在も盛大にしておられます。その竹鼻町やほかの町村が合併して戦後、羽島市ができたわけです。五周年記念事業として市庁舎を新築することになって、郷里出身の坂倉さんに設計を頼もうということになったんです。

内井　そうすると、発注形式はコンペではなく、特命ですね。

阪田　そうです。ただ、冗談でしょうが、後日、市長さんが「坂倉さんに頼めばただで設計してもらえると思った」と言われました（笑）。僕はちょうどその頃、結婚したのですが、家内の実家が岐阜市でした。

内井　岐阜のご出身ですか、奥様は。

阪田　出身は違いますが、岳父が戦後、岐阜で会社を経営していまして、それは偶然にも坂倉さんの親戚から工場を買い取って始めたものだったんです。それで設計が終了した二月に結婚式を挙げ、四月から現場が始まりましたが、一年間、家内の実家に居候して現場に通いました。

内井　ちょうど、都合がよかったですね。現場には常駐されたわけですね。

阪田　事務所は当時まだ人数が少なかったのですが、「建築が竣工するまでが設計だ」という坂倉さんの考えから、当時から現場での監理も設計担当が続けて当たっていました。羽島市庁舎は、着工から竣工まで僕が常駐監理に当たりました。坂倉さんは羽島市庁舎の設計に関しては余り細かい指示はなく、ちょうど武基雄先生を同行してＵＩＡ大会でブラジルに行かれた時期でもあり、現場に何回もは来られなかったんです。

内井　私は、羽島の市庁舎は、モダニズムの中でも正当性を感じる建築だと思っているんです。例えば横の格子状の線と、上の方のカテナリーのような線、それからアーチ、スロープと豊かな言語が沢山あって、それがすごくうまくまとまっている。今見てもフレッシュですばらしいと思います。

阪田　外部のスロープは僕の提案でした。坂倉さんが市の要求に入っていないものを許してくれるか心配でした。外部だから面積にはカウントせずに「予算面では大丈夫ですから…」と坂倉さんに見てもらったら、すんなり通りました。公民館的な講堂と図書館が要求されたのですが、庁舎と性格が異なる部分へは、外から直接出入りができるようにスロープをつくりました。それが造形的なアクセントになりました。

内井　単純な庁舎ではなく、かなり複合建築的なところがあるわけですね。

阪田　小規模ながら、複合的な庁舎建築ですね。町村合併の市庁舎として、新しい市のセンターづくりを建築に表現しようとしたわけです。デザイン面では僕自身が、村田豊さんの影響を受けていたと思います。議場部分の屋根は原設計は折版の形でした。現場常駐時に現在のものに変えたいと考え、坂倉さんが海外に出かけられる直前頃だったので、駒田さん経由で変更の承諾を急いで求めたところ、「よろしい」とオーケーが得られました。

内井　曲面の屋根は議場でしょう。

阪田　そうです。

内井　今でもその議場は使われているんですか。

阪田　つい最近、羽島駅近くに岐阜県立看護大学を新たに設計しましたが、その設計を始める時に敷地調査の帰途、久しぶりに行きました。大分老朽化の部分も目につきましたが、建物全体は余り変わらず、現在も使用されていました。

内井　補修や修復をして、何とか残していただきたいですね。市庁舎はモニュメントですから、できるだけ保存してもらいたいと思いますね。

一九五〇年代の坂倉事務所…

内井　その当時の坂倉事務所の雰囲気はどんな感じだったんでしょうか。

阪田　駒田さんと村田豊さんがチーフ格で、山西喜雄さん、吉村健治さん、小室勝美さん、北村脩一さん、長大作さん、柴田陽三さん、辰野清隆さんが東京事務所の設計スタッフ、大阪事務所は西澤文隆さんが支社長で、谷内田二郎さん、今井得司さん、井上尭さんがおられました。村田さんと駒田さんは対照的なんですよ。僕が坂倉準三建築研究所に入った年は、日仏学院と鎌倉の近代美術館が工事中で、竣工前に所員の見学会がありました。新入所員は僕と合田信雄君の二人ですが、ほかに何人か一緒に見学しました。最初に日仏学院を見て大変びっくりしました。サッシは木製でしたが、濃いグリーンにペイント塗装されていました。木のサッシですから見付け寸法が大きく、濃いグリーンが目立っていました。

内井　グリーンの伝統は今でも続いていますね。坂倉事務所のサッシのグリーンは、その時代からだったんですね。

阪田　構造は鉄筋コンクリートですが、ラーメン構造ではなくフラットスラブ。そして、スラブ接続面で頂部がキノコ形に開いた丸柱で支えた構造でした。コンクリートを厚くしてあるんですね。ライトのジョンソンワックスの柱のズングリした柱型ですね。

内井　そうでしたね。真っ白でね。

阪田　目新しいものでは、サービス用と主人用が重ねられた二重螺旋階段もありましたし、最上階が院長住居で、異容な暖炉にも驚きました。放熱を考えて鉄板製のフードを大きくし、それがスリッパのような形でした。この建築は各部が全て特異な形を示し、統一は拒否していました。一方、一〜二ヵ月ほど後に鎌倉の近代美術館を見て、そのシンプルな美しさに感動しました。アルミ目地の押し出し型材やI型柱の内側のカーマイン色やコバルトブルーなどの美しさにワクワクしながら、同じ事務所の作品なのに、その違いに強い刺激を受けました。それは新しいものをつくる楽しさを目覚めさせるといった刺激です。片方は村田さん、片方は駒田さんが担当チーフです。

内井　今考えてみると、とてもいいですね。

阪田　坂倉準三さんは全く任せているのではなく、担当者の優れたものも引き出して自分が納得するものに仕上げる力をそれぞれに注入していたのです。面白い話があるんです。東急会館（東急百貨店東横店本館）の設計監理で、僕は入社二年目でエレベーターの担当にされました。エレベーターの乗り場の扉と壁仕上げを受け持ち、全て坂倉さんの指示に従って手配などしていました。かなり最近まで問題の色が残っていましたが、各階のエレベーターのフロントの色はすごくきれいだけど鮮やかな色彩で、僕は「この色を本当に塗るのかな」と内心思いましたが、坂倉さんがサインされたから「決定だ」と指示したわけです。しかし坂倉さんがその色で仕上がった現場で「あッ」と絶句して、「これは誰が決めたのか」と叫ばれた。「先生に決めてもらいました」と僕は色見本板のサインを見せました。そしたら「君は何のためにいるんだ、見ておかしかったらすぐ変えるために現場に常駐しているんじゃないか」と怒られましてね。「サインがあるからといって、おかしいものをそのまま黙って通していいというものではない」と言われ、その時は「えェーッ!?」と思いました。

内井　同じこと、私もときどきスタッフに言いますよ。それは鉄則だと思うな、現場の。

阪田　その後、いろんな場面で「図面を描いたものがそのまま出来上がるとは限らない、最後までよりよくつくる努力をせよ」と教えられました。

内井　そうなりますね。しかし、そうして駒田さんや村田さん、西澤文隆さんたちによってバラエティに富んだ坂倉さんのデザインが展開されてきたのですね。

阪田　坂倉さんは必ず設計全部の図面を見てサインをする。サインをしないと、GO（承認）ではないのです。

内井　でも、坂倉さんの時代の作家の先生方は統一したスタイルを求めていたように思いますが。

阪田　坂倉さんが最初からスケッチを示して「この通りやりなさい」という進め方は、非常に少なかったと思います。担当者（チーフ）に案を出させて、それをあれこれ具合の悪いことを指示して直させる。ディテールの曲線部などは、現寸段階まで自ら何本も線を描いて決定に至る。それがないと決まらない。そういう感じがありましたけど、そうかといって、全てを一人で決定していくということでもなかった。しかし「坂倉さんが目を通していないものは（東京ではそんな作品はあり得なかったのですが）坂倉研究所の作品ではない」という姿勢でした。

僕がチーフ格で設計を担当するようになってからは、僕は坂倉準三さんのみならず、村田さんや駒田さんの影響も受けていたと思います。村田さんはかなり寄りつき難いところがありました。坂倉さんとは違って「何をやっているんだ」と、突然議論を吹きかけてくる。論理的にではなく、感覚的にケナされることが多かった。ある時は、長さんと村田さんが設計室の皆の前で取っ組み合いの喧嘩を始める…なんてこともありました。そんな時、駒田さんは知らん顔でした。設計室の雰囲気は普段は非常に静かで、大きな声が聞こえるのは、坂倉さんが誰かをやり込めている時でした。村田さん以外の先輩は何でも親切に教えてくれました。しかし一人一人が非常に個性的な人たちで、多くの設計をしていたわけでもないのに、毎日夜遅くまで製図版に向かっていました。西澤さんとは坂倉さんが亡くなるまでほとんど接渉がなく、一緒に仕事をする機会もなかったんですよ。

大阪事務所のこと

内井　大阪の事務所は初めからあったんですか。

阪田　いや昭和二三年からでした。

内井　それでも随分古いですね。

阪田　戦後、民間の仕事、南海の高島屋の地下ブロードフロア改修とか、和歌山高島屋、南海スタジアムなど、大阪で大きな受注があって、大阪支所が開設されました。西澤さんを含めて二〜三人でしたから、常時東京から応援に何人かが行っていました。僕は一ヵ月間、クラブ関西の図面を描きに出張しました。

内井　そうすると、西澤さんは初めから大阪ですか。

阪田　いや、事務所創設時、戦後も二三年まで東京です。事務所創立は昭和一五年で、その時の東京帝大卒業生で辰野賞をとった西澤さんが所員第一号でした。

内井　それで西澤さんが坂倉事務所に入られた。

阪田　すぐに実際に建築をつくる設計があったわけではなく、満州の都市計画とかを、夜は前川事務所から東大院生の人たちが応援に来たりしていたと聞いていますが、やがて西澤さんの同級生の駒田さん、鱸恒治さん（後に三菱地所）を入れて、住宅や海軍関係の仕事をして、翌一六年一二月に戦争ということになるわけです。ただその前にペリアンを呼んで坂倉さんが共同で大阪高島屋で〝伝統・選択・創造展〟を開きました。新入生の村田さんがその延長の家具（竹の椅子）を坂倉さん、ペリアンに学び、戦後のある時期、家具の製造販売までやろうとしたんです。坂倉事務所は家具を重視していまして、僕も入った翌年、東急会館（東急百貨店渋谷駅ビル本館）の劇場の家具を担当させられました。家具は現寸で考えることが重要なんですね。そんな訓練は学生時代に何もやってなくて、どうやっていいか困りました。椅子などはとてもできないので、ロビーで使う灰皿スタンドに取り組み、僕の描いたものがいくつもつくられて、後に既製品になって、売られました。

内井　家具は私も非常に大切だと思うし、内部の空間を構築する時に家具から出発すると非常にやりやすいので、私もいつも許される範囲で既製品を使わずに全部自分たちで設計しています。

阪田　あの頃はみんなやっていましたね。

内井　そうです。菊竹さんのところもそうでした。

阪田　当時は既製品にいいものがなかった。やっとハーマンミラーの製品が実際に使える頃から少しずつ増えるようになり、今は自分でつくる意思を持たないとつくるチャンスがなくなりました。

阪田さんの担当した作品は

内井　ビラ・セレーナはずうっと後になりますか？

阪田　羽島は一九五九年（竣工）ですが、その後出光のガソリンスタンドをいくつか担当し、入所後一〇年目辺りで小田急新宿西口のデパートを担当しまして、長期間にわたって新宿西口現場の事務所で担当チーフをしていました。西口広場の初期基本設計を百貨店の実施設計監理に併せてやっていた時期もありましたが、広場の基本設計が本格化する頃、藤木忠善さんにバトンタッチしてもらいました。実施設計以降は東孝光さんで、彼はそれが終わって独立したんです。僕も小田急の仕事が終わった時点で退職して、海外に行くつもりでしたが、坂倉さんから大阪万博・電気事業連合会のパビリオンの話があり、「君に担当してもらうので、モントリオールの万博を見てくるように」と言われ、デパートの竣工前に急遽、モントリオールと米国に初めての海外視察に行って、とうとう坂倉事務所に居続ける身になりました。

内井　坂倉さんが亡くなられたのは万博の頃でしたね。作家的事務所の所長である建築家の死というのは大変なことだと思います。沢山の仕事が進行中だったと思います。クライアントの方も不安でしょうし、スタッフの動揺も大きかったのではないでしょうか。個人的な事務所を受け継ぐことはとても難しいと思うのですが、坂倉さんの所は非常にうまく継続してきた稀有な例ではないでしょうか。

阪田　坂倉さんが亡くなったのは一九六九年九月一日ですが、僕は万博の電力館現場で電話を聞きました。当時坂倉さんは入退院をされ、事務所最大の新しい仕事である品川のパシフィックホテルの設計を進行させるために、大阪から西澤さんが呼び寄せられて坂倉さんの代役をされていました。パシフィックホテルの担当には吉村さん、北村さん、八巻君など、東京事務所の半数が関わり、タイ国の職業高校ほか、奈良近鉄ターミナル、渋谷南口東急百貨店、宮崎県博物館・文化ホール、万博電力館など、各地の施工現場に残りのスタッフが散在していた時でした。

九月から一一月まで東京事務所では、毎晩のように今後の事務所をどうするか、真剣な話し合いがされていましたが、仕事を完遂するためにも、事務所を存続させるべきだが、組織形態をどうするか、そして、坂倉先生に代わる所長は西澤さんで誰も異論がなかったのですが、東京の事務所長を僕にという、主として若い世代の声が実現することになりました。

一九七〇年には、電力館ほかの建築が竣工し、パシフィックホテルの施工が始まり、担当者も増員する一方で、当然のことながら新しい仕事は少なかったわけです。その頃に頼まれた仕事がビラ・セレーナでした。坂倉準三さんを知らないお施主さんで、最初、堀田英二さんに、明治通りの〝ビラ・ビアンカ〟を発注した人です。

内井　ありますね。ギザギザのマンションですね。

阪田　そうです。それを設計した堀田さんと、当時、桜井設備事務所の宮川清さんが同級生で、ビラ・ビアンカの後方の敷地に建つビラ・セレーナに坂倉事務所が選ばれ（宮川さんの縁で）、清田育男君の担当で、僕たちは初めての集合住宅に取り組みました。

内井　あの頃は第二次のマンションブームでした。

阪田　ちょうど民間マンションの初期のブームでしたね。厳しい敷地条件で、道路も広くないし、斜線の中に、〝容積率を目一杯使いたい〟という要求を満たすために、共通廊下部分を全部外部化して住居面積を相対的に増やすことをはかりました。同時にクライアントからマンションは設備配管が最初にだめになるので、取り替えを考えるように言われ、思い切って外部に露出させ、面積に入れないようにした。そういう工夫と、その前に公開コンペの箱根国際会議場の平面形のイメージが重なってビラ・セレーナができました。続いて〝ビラ・フレスカ〟を向い側につくりました。

内井　明快な個があって、それがコモンスペースを中心として集合化されている典型的なコートハウスですね。

阪田　この施主は数を少なくして質の良いマンションを追及する人で、共通空間は外部でも特徴があるデザインに理解がありました。このマンションを気に入ってくれて、住まれた人たちも、とても良かったんです。最初から入られた方にはデザイナーやアーティストもおられますし、途中から一時、建築家の茶谷正洋さんも住んでおられたということです。

内井　ちょうど私もその頃、桜台コートビレジという郊外型低層コートハウスの集合住宅を設計していました。

阪田　そうそう。内井さんのコートビレジを所員と一緒に見に行きました。

内井　ちょうどあの頃は都市住宅ブームでしたね。雑誌も『都市住宅』が出た頃で、あの頃の熱っぽい雰囲気が懐かしく感じられますね。

それから印象的な作品は「宮崎県総合青少年センター」、これもおもしろい立体的セクションをしていますね。

阪田　東京事務所は、それまで青少年センターの設計実績はなく、大阪事務所がパイオニアですが、宮崎県の青少年センターは、坂倉さんが事務の保田さんのご縁で、県知事に手紙を書いて送ったのがきっかけになって、先に博物館をつくり、その延長で東京事務所にいただいた仕事でした。青島の景色がすばらしい海浜ですが、熱、風、塩害などの環境条件が厳しい場所で、耐久性に不安もありましたが、現在も健在で使用されていることを知り、安堵しました。雨も風も相当強烈なので、建物の一方は大きくキャンティレバーで張り出し、庇の効果を高め、反対側はセットバックの形で池に浮いた建築です。

内井　写真を拝見すると、南国的でハワイのような感じですね。半屋外的な空間がたっぷりあって。イラストの断面図を拝見しますと、この頃に私たちが考えていたことと共通点が多い気がしますね。

〝東京都夢の島総合体育館〟はゴミの上につくったという話でしたね。大変でしたでしょうね。

阪田　あの建築の最初は、宮崎青少年センターを担当した西野君が、江東区の清掃工場の余熱利用で都が体育館をつくるという話を聞いて、調査研究の仕事をとってきたのがきっかけです。

内井　西野善介さんですね。

阪田　そうです。調査研究の提案がそのまま設計に移行したのではありませんが、結果的に調査に協力した関係で特命随契の設計発注をいただきました。しかし設計料が余りにも安くて驚きました。西澤さんに「こんな設計料でもやりますか」と聞いたほどでした。広大な運動公園の一端に清掃工場に隣接してつくる建築を、〝運動する公園〟というコンセプトで設計し、広々とした風景に高さを持たせるための〝単純な半円形の建物〟を思いついたのです。ところが、青木一君をはじめ、担当者たちの工事費を心配した猛反対に遭い、最後は西澤さんの裁定で半円筒形に決めたものです。ところが実施設計終了間際にオイルショックに遭遇し、その前に青木君が急逝したり、若松君以下担当者は都の指示で屋根を低くして工事費を低減する検討作業に忙殺される憂き目にあうなどもありましたが、最終的には工事費予算の増額が認められて、大変更なしの着工に至ったのでした。しかし工事途中で隣接現場でメタンガス事故が起きまして、工事中断でガスの調査と対応の設計変更を行うなど、苦行が続きました。

内井　ご苦労は多かったですね。この作品は学会賞でしたね。

阪田　そうなんです。結果的に学会賞をいただきましたので恵まれたのですが、竣工までは大変なことの連続でした。周りの緑の成長が確実となり、周辺の整備も進み、都市の一画になってきたと同時に、自然も同居している魅力のある場所になってきたと思います。今、宿泊施設の計画が進んでいます。

内井　それはよかった。本当に、今は野鳥がいっぱいいるようですよ。

最後に並木中学校、これはつくばにある学校ですか。坂倉事務所は、学校もたくさん設計しておられますが、これが最初の作品ですか。資料で初めて拝見したのですが、どんな特長があるのでしょうか。

阪田　並木中学校は現在、つくば市の中心地区になりましたが、つくった時は桜村の大角豆《ささげ》中学と言っていました。清田君、堀江君、高橋君、伊藤君たちが担当しました。公立の中学校ですが、臨海学園や青少年センターに通じる楽しい学びの交流空間を軸に都市空間の学校をつくりました。

坂倉…西澤…阪田の三層構造

内井　坂倉先生と西澤先生、それから阪田先生の関係というとおかしいですけど、事務所の特徴をお聞きしたいですね。坂倉事務所はすごく精神軸というか非常に明解な三層構造をなしていると思って、いつも見させていただいているんですが、西澤さんはあのような性格で飄々とした方ですけれども、非常に研究熱心な方でしたね。

阪田　坂倉準三さんと西澤文隆さんの基底の共通項は何かと考えてみると、僕は自分が生まれ育った日本の伝統的な感性や資質を、建築空間の中に探し求めてきたことではないかと思います。それも言葉で固く捉えるのではなく、自然体で柔らかく、しかし「ＮＯ！」を明確に選別するところがあったと思います。坂倉さんからはル・コルビュジエの精神と教えが強調されましたが、日本の伝統文化について具体的な話は余り聞けませんでした。しかし、坂倉さんが亡くなった後ですが、西澤さんからは庭園の実測にも体験参加をさせてもらったり、最も上質の伝統文化の具体例を通して初めて聞くような話をいろいろ聞くことが楽しみでした。実物を良く見て、さらに多くの研究書を調べたり、やがて韓国、中国、インド方面にまで広げて熱心に取り組んでいました。

内井　それから西澤さんは私たちに実測という行為が如何に大切であるかを想い起こさせて下さったと思います。

阪田　西澤さんが亡くなってからも、実測や旅行を一緒にしていた事務所ＯＢや友人から補足的に教わることも続いています。一昨年でしたが、金沢良春君に事務所でスライド会をしてもらったことがありました。彼は修学院離宮をはじめ、水の処理をデザインテーマとして、そのディテールを丹念に写真に撮って追及しているのですが、彼が西澤さんと一緒に実測をしながら図化するために、実際のモノの形を見ながらその巧みな解決を読み解いていく…。まさにデザインの根本を探ろうとしていたことを改めて教わる思いでした。伝統といえば形とか形式を表面的な部分だけで捉えるのは、最も浅薄なことでしかない。それは坂倉さんも真っ向から「ＮＯ！」

と言っていました。しかし「それならば何が伝統の本質か」と聞いても明確には答えが返ってこなかった。西澤さんは実物を見て調べて考えて答えを探そうと、実測図に取り組んでいたと僕は考えています。金沢君が見せてくれた水の流れの処理の機能だけでなく、形の美しさやさまざまな工夫、配慮の中に、自然に対する姿勢や優しい配慮など、民族の心が顔を見せているところがあるように感じました。

内井 非常にいい勉強をさせていただいたと思いますね。そういう西澤さんから、坂倉事務所をがっちりと受け止められたのが阪田先生の時代で、もう本当に花咲いたという感じがしてうらやましい組織だなと思っております。組織ではない組織だろうと思うんです。仕事の進め方は三人の先生方でどうだったんですか。

阪田 坂倉さんの進め方というのは〝個々に〟教育的に指導するようなことではなく、無知なことをやっていると厳しく追及されて、最後は決定的な「NO」の宣告を、たとえば「猫の死骸が転がっているようだ」とか、訳の分からない理由を挙げてやり直しを命じるという風でした。若い所員に対しても、積極的に反応する人に対しては活発なやりとりをして、こちらも簡単に引き下がらずに頑張っていると、ちょっと座を外して少し時間をあける。そして別の提案のような解決の中に、こちらの言わんとしていることを汲み取っていただいているのが分かり、賛成の意を表するとニコニコと一件落着ということもありました。所員によってはいつも大声で叱られ続けの人もありました。しかし、天衣無縫の明快な対応で、柔軟な思考と大きな包容力が魅力的でした。

西澤さんは坂倉さんが亡くなってから東京事務所の仕事にも目を通すようになりましたが、西澤さんはそこに描かれている図面を見て、そのデザインについて批判なり提案を、描いている人間に柔らかく、しかし、実は辛らつに与えたりするわけです。関西流に。僕自身はというと、坂倉準三建築研究所から坂倉建築研究所になっても僕は坂倉準三にはなれない。しかし、新しい作品を生み出していくために、僕自身が全力注入をして、少しでも良くなるように努力をしていきたい。最初は坂倉準三さんの仕事の完遂でしたが、少しずつでも新しい仕事の受注が新しい展開を示すようにならなければ事務所が続いていくことにはならない。そのためには設計の過程を大切にしていきたいと、密かに坂倉さんや西澤さんの進め方と異なるトライを努力してきました。ジョブ毎の担当チーム制や監理までの一貫方式は変えずに、検討や打ち合わせ、議論などをチーム全員揃ったところで僕と行う方針をとるようにしたのです。僕は一人一人の机を見回って、そこで直すことはやめてきました。西澤さんがパシフィックの仕事の後で東京事務所に来られた時も、西澤さんは自由に全ての人の机を見回って指導をされましたが、僕は、意識的に、受注の背景などで西澤さんがまとめられるべき仕事には余り深入りをせず、その代わり、それ以外の仕事に集中する方針をとってきました。しかし、それほど厳密に区分けはできなかったと思います。つくばの機械研究所や、東京渋谷シオノギビルは西澤さんが集中して取り組まれたものでした。

内井　べったりくっついて指導していると、確実なものはできるかもしれませんが、所員が成長できないですね。私はできるだけ突き放したいと思っています。

阪田　ちゃんとやってくれればいいんですけど、つまらないところで失敗する。例えば、自分でやりたいことばっかり絵を描いているんです。今の段階はもっと基本的なこと、あちこち見て回るとか、そういうことを何でしないのかと…。

内井　私も同じことを言っています。こっちも余り忍耐力がないものだから、つい「こうやれよ」と言ってしまいます。そうするとみんな頼って、段々と自分の考えを出さなくなるんです。見るとついものを言いたくなりますが、できるだけ個人のアイデアを生かすような意見を言うだけにしています。

阪田　西澤さん式にしなきゃ。西澤さんはあんまり大声で言ったりしない。「エヘヘ」とか笑いながら辛らつなことをズバリと言うタイプでしたから。

内井　そうですね、高等技術が必要です。今ではもう遅過ぎますけど。

自分自身の蓄積が大事

内井　最後に恒例の質問なんですが、後進というか、これから建築をやっていこうという人たちに何かサジェスチョンをいただきたい。

阪田　建築はこれからおもしろくなってくるのではないかと思います。おもしろいというのは何か根本的な変革が始まろうとしているように感じられるからです。しかし、建築が一建築であることは今後も変わることはないと思っています。これからは社会の関心や共感合意がなお一層重要に関わってくるのではないでしょうか。その時、建築家が何を世に問うのか、何を提案できるのかが社会から竣別されることになる。自己の実力を高めていかなければ競争に押し流される。坂倉事務所に関しては、坂倉さん、西澤さん、僕という延長で考えない方が新しい可能性がひらけるように思います。

内井　そうかもしれませんね。

阪田　僕はたまたま経済が上向きの時期に仕事にも恵まれ、幸運でした。

内井　そうやって後進に道を譲れる身分だといいけど、私は自分の名前がついているので、つい引際を見失ってしまいそうです。

阪田　建築事務所の所長を辞しても、設計の仕事は僕なりに続けていくつもりですが、仕事にこれまで恵まれ、事務所の人数も心ならずも増えてしまいましたが、僕は今になって僕自身の蓄積が西澤さんに比しても劣って、何も整理できていないことに気付いているところです。仕事の蓄積ではなく、自分自身の努力、思索の蓄積ですね。事務所の後継者にもそれを、僕自身の反省を自分の一助にしてもらえばと願っています。

内井　阪田さんはいつも柔和な表情で包容力の大きな人柄だと思います。坂倉さんという優れた建築家のイメージを崩すことなく、現在に生きた高質の建築を次々に世に出してきました。阪田さんの功績は大きいと思います。坂倉・西澤という優れた才能を持ったアーキテクトの後でやりづらいことも多かったと思います。しかし、多くの優れたスタッフを抱え、それらの人々の能力を最大限引き出すことができたと思います。

私は、自分の事務所の一つの目標を坂倉建築研究所においてきました。よく、個人事務所は一代限りということを聞きます。それは確かなことでありますが、私はこれからの事務所のあり方として、多くの才能あるスタッフにより、有機的でゆるやかな組織が望ましいと思っています。集まるスタッフはある時は自立したスタッフとして、またある時はまとまりのある集団として機能し、DNAのように記憶を共有し、それを次々に受け継いで多様な種を生み出すような事務所を夢見ていますが、坂倉研究所は私の考えているイメージに近いように思います。阪田さんが勇退されても坂倉さん、西澤さんをはじめ、これまで坂倉研究所を支えてきた多くの人々の考え方や作品がDNAの中に組み込まれ、やがて太田隆信さんに引き継がれ、さらに飛躍を遂げるものと期待しています。

本日はありがとうございました。

（出典：「特集　続・モダニズムの軌跡――2
対談　時代を拓いた人・シリーズ」
『INAX REPORT』No.143、二〇〇〇年六月一五日発行）

聖イグナチオ教会・
主聖堂（1999年）
撮影：井上玄

年譜

西暦	和暦	年齢	略歴・活動	主な担当作品	その他の出来事
1928	昭和3	0	大阪に生まれる（12月27日）		
1941	16	13	私立千里山中学校（旧制）入学		
1945	20	17	早稲田大学専門部入学		
1948	23	20	早稲田大学理工学部建築学科入学		
1951	26	23	坂倉準三建築研究所入所	クラブ関東	
1953	28	25		青山ラグビークラブ	
1954	29	26		東急会館	
1955	30	27		国際文化会館	
1957	32	29		藤山愛一郎邸 松本幸四郎邸 出光興産羽衣町給油所	
1958	33	30	下村俊子と結婚		
1959	34	31		羽島市庁舎	
1960	35	32	日本建築学会賞（羽島市庁舎／坂倉準三）		
1963	38	35		京都国際会議場競技設計 羽島青少年ホーム	
1966	41	38		新宿駅西口広場及び地下駐車場	
1967	42	39	日本建築学会賞（業績）（新宿駅西口広場）	小田急新宿西口駅本屋ビル	
1969	44	41	坂倉建築研究所東京事務所長に就任		坂倉準三 没
1970	45	42		日本万国博覧会電力館	
1971	46	43		ビラ・セレーナ	
1972	47	44		ビラ・フレスカ 宮崎県東京ビル 三浦臨海学園 三浦臨海青少年センター	
1973	48	45		小田急新宿駅南口計画 栃木県井頭県民公園プール	

1974	49	46		ビラ・モデルナ 小田急御殿場ファミリーランド	
1975	50	47		群馬ロイヤルホテル 宮崎県総合青少年センター 埼玉県青少年総合野外活動センター	
1976	51	48		東京都立夢の島総合体育館 石山医院 渋谷金属産業東京支店	
1977	52	49	日本建築学会賞 （東京都立夢の島総合体育館／阪田誠造）	群馬信用組合沼田支店 浅岡医院	
1979	54	51		ビラ・ノーバ	
1980	55	52		シオノギ渋谷ビル 横浜市金沢センター	
1981	56	53		前橋市庁舎 ビラ・サピエンザ 埼玉県野外活動センター	
1982	57	54		群馬県立女子大学 木場公園三好住宅 埼玉県立名栗少年自然の家	
1983	58	55		S-2計画 新宿ワシントンホテル 東大和市立中央図書館 群馬会館 プラッツ大泉	
1984	59	56		小田急新宿ミロード 新宿三井ビルディング二号館	
1985	60	57	坂倉建築研究所代表取締役に就任、 東京事務所長兼任	埼玉県立加須青年の家	
1986	61	58		東京サレジオ学園1期　高校生園舎　譲葉舎 横浜人形の家 東京都立医療技術短期大学	西澤文隆 没

（1986）

世田谷区民健康村なかのビレジ
高松の家
グリーンネットワーク瑞穂緑道
浪速短期大学伊丹学舎

1987　62　59

東京サレジオ学園2期　小・中学生園舎
芦屋市立図書館
代々木フォレストビル
岐阜の家
桜庵

1988　63　60

伊丹市立美術館・柿衞文庫館
大磯町郷土資料館
東京サレジオ学園3期　ドン・ボスコ記念聖堂　地域交流ホーム
安土城下町　城郭資料館・天守タワー
ライベスト青山
人形町フォレスト

1989　平成1　61

村野藤吾賞・日本芸術院賞・吉田五十八賞
（東京サレジオ学園）

山下公園再整備
シティパル武蔵野
エルシー糀台・1
メゾンビューハーバーランド
みえこどもの城
川崎定徳本館　日本信託銀行本店
浜松市かわな野外活動センター
伊丹市立工芸センター
美術館増築

1990　2　62

日立シビックセンター
赤坂アルファベットセブンビル
ベルコリーヌ南大沢
国際花と緑の博覧会　中央ゲート
東京サレジオ学園体育館
芦屋市立美術博物館
北沢タウンホール
芦屋市立打出教育文化センター

1991　3　63

世田谷ヘルシービル
メイフラワーゴルフクラブクラブハウス&桜庵イン

				小出楢重アトリエ 伊丹市立サンシティホール
1992	4	64		JTBフォレスタ 西新宿フォレストビル 専門学校インテリアセンタースクール新校舎 RICセントラルタワー
1993	5	65	明治大学理工学部建築学科教授に就任	神奈川県庁第2分庁舎 塩野義製薬本社 続・O邸の改造 BTC新潟センタ TSUKUBA MIOG
1995	7	67		東急南大井ビル 佐倉市立美術館 宮山の家 桜井の家 東条湖の別荘 国立オリンピック記念青少年総合センター サレジアン・アスピランテート 大阪府立看護大学
1996	8	68		小田原市総合文化体育館・小田原アリーナ 地底の森ミュージアム Mulberry Cottages ホテルシーガルてんぽーざん大阪 滋賀県立大学センターゾーン 神戸情報文化ビル
1997	9	69		かずさアカデミアホール 桐生市市民文化会館 南海社軽井沢寮 岡山県南部健康づくりセンター 田辺市立美術館 平田町の家
1998	10	70		大塚国際美術館 小田急サザンタワー

（1998）				新宿サザンテラス 西宮マリナパークシティ海のまち　杜のまち
1999	11	71	坂倉建築研究所代表取締役退任、最高顧問就任 明治大学理工学部建築学科教授を退職	聖イグナチオ教会 ＪＲセントラルタワーズ 鹿児島カテドラル　ザビエル記念聖堂 つくば国際会議場 君津市保健福祉センター 大阪府立大型児童館ビッグバン
2000	12	72	大塚国際美術館評議員（現在に至る）	静岡文化芸術大学 岐阜県立看護大学 東大和市民会館　ハミングホール 関西エアポートワシントンホテル 埼玉県立秩父養護学校
2001	13	73		東京国立近代美術館本館増改築
2003	15	75		菊池寛実記念　智美術館
2006	18	78		国際文化会館保存再生
2007	19	79	日本建築学会賞（業績） （国際文化会館の保存再生）	

※1986年代表就任後の作品は新建築1999年9月臨時増刊号
坂倉建築研究所アソシエイツのかたち巻末作品リストによる。

●著者紹介

阪田誠造

1928年12月27日　大阪市に生まれる
1945年　早稲田大学専門部工科建築科入学
1948年　同大学理工学部建築学科入学
1951年　同大学を卒業し、坂倉準三建築研究所に入り、坂倉準三に師事
1969年　坂倉準三没後、坂倉建築研究所東京事務所長
1985年　同代表取締役に就任、東京事務所長兼務
1999年　同代表取締役退任、最高顧問就任
1973年　神奈川県立近代美術館運営委員（−99年）
1979年　日本建築家協会理事（−81年）
1982年　東京建築設計監理協会理事（−86年）
1989年　新日本建築家協会理事（−91年）
1990年　新日本建築家協会副会長（−91年）
1993年　明治大学理工学部建築学科教授（−99年）

阪田誠造の本をつくる会

水谷碩之［アーキブレーン建築研究所］／
篠田義男［篠田義男 建築研究所］／
萬代恭博［坂倉建築研究所］／
金子修司［金子設計］／戸田幸生［建築家会館］

●取材協力

羽島市役所／カトリック麹町 聖イグナチオ教会／
BumB東京スポーツ文化館／坂倉建築研究所 ほか

発刊にあたって

株式会社建築家会館は、わが国における建築家の活動拠点としての会館の建設をめざし、1961年、建築家前川國男を中心とする約180名の建築家の出資により設立された会社です。

主な事業として、①渋谷区神宮前に建設した会館建物の管理、②建築家賠償責任保険などの取扱い、③建築家クラブの運営、そして④建築家に関する書籍の出版を行うなど、建築家の活動を側面から支援しております。

多くの優れた建築家がその人生を建築にささげ、建築文化の発展に寄与してきた事実を記録として後世に伝えるとともに、広く社会に知らしめることが大切と考え、当社では「建築家会館の本」をシリーズで刊行しています。

鬼頭梓氏、大谷幸夫氏、上遠野徹氏、本間利雄氏、椎名政夫氏、池田武邦氏、内田祥哉氏に続き、今回は師「坂倉準三」の精神を受け継ぎ多くの若手建築家を育て都市空間をデザインしてきた阪田誠造先生の執筆です。

「建築家会館の本8：建築家の誠実　阪田誠造　未来へ手渡す」と銘打って刊行しました。

本書の企画にあたり、さまざまな形でご支援いただいた皆様に感謝いたしますとともに、今後ともご指導ご鞭撻を賜りますようお願い申し上げます。

株式会社建築家会館
代表取締役 野生司 義光

［建築家会館の本］

建築家の誠実 阪田誠造 未来へ手渡す

2015年6月30日 初版第1刷発行

企画　株式会社建築家会館
編著者　阪田誠造＋阪田誠造の本をつくる会
発行者　企業組合建築ジャーナル 竹下 孝
〒101-0032 東京都千代田区岩本町3-2-1
共同ビル（新岩本町）4F
TEL：03-3861-8104　FAX：03-3861-8205
HP：http//www.kj-web.or.jp

編集　西川直子＋雨宮 明日香
写真　井上 玄
装丁・カバー　奥村輝康
本文デザイン　村上 和
校正　岩田敦子
印刷・製本　英華印刷有限会社

定価はカバーに表示されています

ISBN978-4-86035-100-7

羽島市庁舎(1959年)
撮影:井上玄